Geschichten
und Geschichte
aus dem

ERZGEBIRGE

Sigrid Heldt

Heldt, Sigrid
Geschichten und Geschichte aus dem Erzgebirge
Kruse Astrid und Johann – Heinrich Verlag
ISBN 3-00-001420-9

1997
ISBN 3-00-001420-9
Unveränderte Neuauflage

Druck: Westpfälzische Verlagsdruckerei GmbH, 66386 St. Ingbert, Rickertstraße 26
Grafische Gestaltung und Zeichnungen: Astrid Kruse
Umschlagbild: Aquarell von R. Heinemann

INHALTSVERZEICHNIS

Vorwort

Vom Fichtelgebirge bis zum Durchbruch der Elbe durch das Elbsandsteingebirge und zu beiden Seiten der auf seinem Kamm entlanglaufenden Grenze zur Tschechoslowakei erstreckt sich das Erzgebirge. Der deutsche Teil liegt im Lande Sachsen in der heutigen DDR und ist meine Heimat.

Genauer gesagt: Meine Wiege stand im östlichen Teil des Erzgebirges im Bergstädtchen Altenberg. Dort und in der Umgebung verbrachte ich meine Jugendjahre, und meine Erinnerungen an diesen Ort begleiten mich durch mein ganzes Leben. Landschaftliche Schönheit, markante Punkte, einfache und besondere Menschen in Familie und Beruf in Gegenwart und Vergangenheit, in Erlebnissen, in Erzählungen, Sagen und in der Geschichte erfüllen den Raum und haben ihm im Wandel der Zeiten ein eigenes Gepräge gegeben.

Davon möchte ich im folgenden im Gedenken an meine Heimat berichten, für den Heimischen zur Freude, für den Ausgewanderten zur Erinnerung, für den Fremden zum Kennenlernen und für uns alle zum Bewahren eines Schatzes, der nicht in Vergessenheit geraten soll.

Mein Dank gilt allen, die vor mir die Begebenheiten aufgezeichnet und teilweise über die Jahrhunderte bewahrt haben. Ebenso meinem Nachbar und meinem Freund, die mich korrigierend beraten und meinem Schwiegersohn, der mir die Arbeit am Computer abgenommen hat. Insbesondere danke ich meiner Tochter, die die Zeichnungen angefertigt und mich bei der Beschaffung der Unterlagen hilfreich unterstützte.

Meisenheim am Glan, im September 1989 — Sigrid Heldt

Nachsatz

Als mein Manuskript für den Druck bereit lag, begann in der DDR die friedliche Revolution gegen die ungeliebte Staatsmacht, die ich mit heißem Herzen verfolgte. Daß Freiheit, Recht und Würde für alle Menschen zum Fundament ihres Lebens werden mögen, wünsche ich sehr.

Dudweiler, im Mai 1990 — Sigrid Heldt

Einleitung

Den meisten Menschen ist das Erzgebirge durch seine volkstümlichen Schnitzereien bekannt geworden. Die Nußknacker und Räuchermänner, die Engel, Pyramiden und Leuchter haben sich in vielen deutschen Weihnachtsstuben, aber auch in den Herzen ihrer Bewohner einen festen Platz erobert. Sie tragen dazu bei ein wenig von dem Zauber des erzgebirgischen Winters in das Bewußtsein der Menschen zu rücken.

In der übrigen Zeit des Jahres ist diese Landschaft jedoch für viele ein wenig bekannter ferner Ort. Deshalb soll in den nachfolgenden Geschichten von Ereignissen die Rede sein, die nicht allgegenwärtig sind und die doch ihren Anteil am Zustandekommen des Bildes haben, den das Gebirge heute bietet.

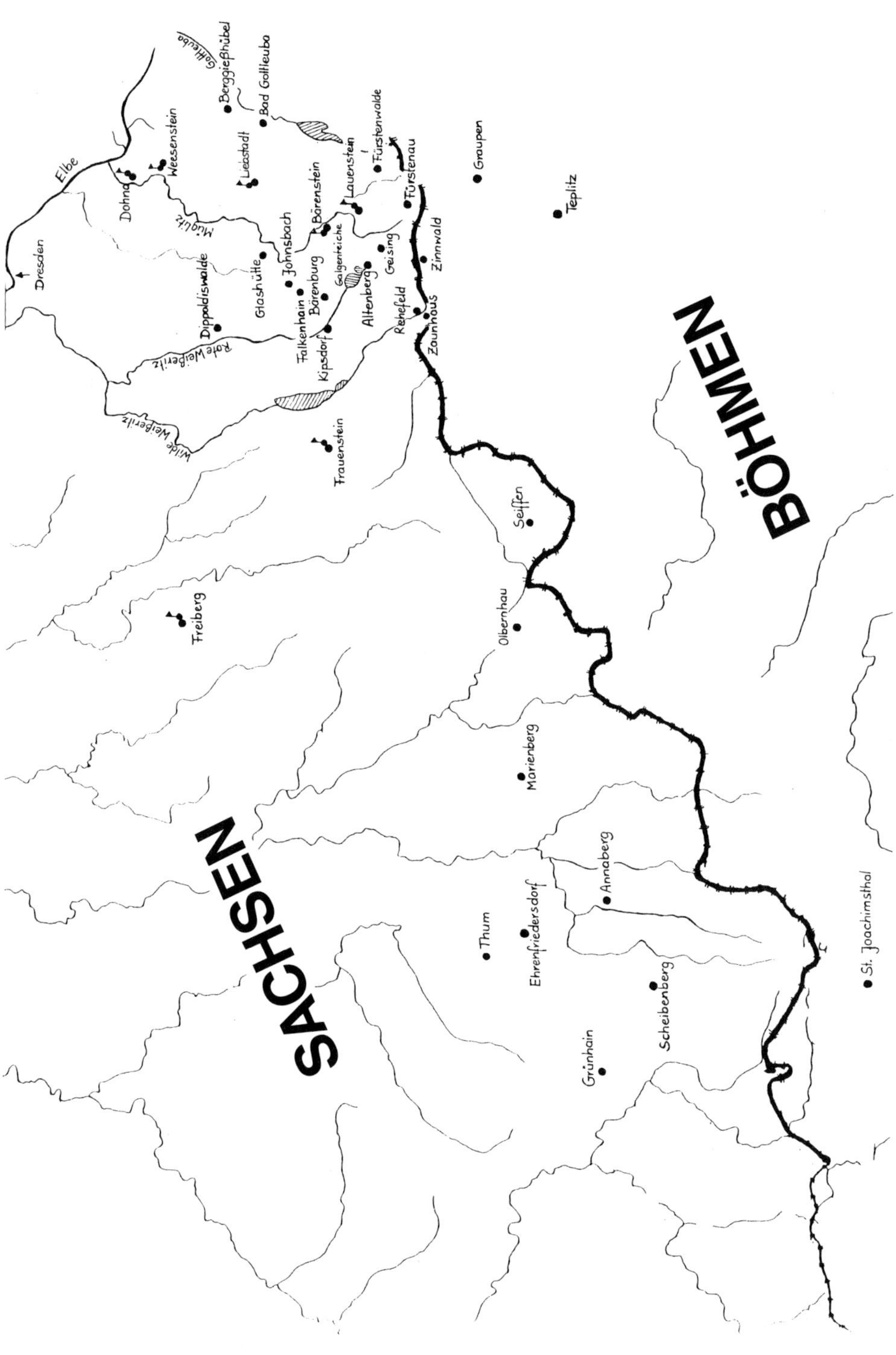

SACHSEN
BÖHMEN
Elbe
Dresden
Dohna
Weesenstein
Müglitz
Liebstadt
Berggießhübel
Bad Gottleuba
Gottleuba
Glashütte
Johnsbach
Bärenstein
Lauenstein
Fürstenwalde
Fürstenau
Graupen
Teplitz
Dippoldiswalde
Falkenhain
Bärenburg
Galgenteiche
Altenberg
Geising
Zinnwald
Kipsdorf
Rehefeld
Zaunhaus
Rote Weißeritz
Wilde Weißeritz
Frauenstein
Seiffen
Freiberg
Olbernhau
Marienberg
Annaberg
Thum
Ehrenfriedersdorf
Scheibenberg
Grünhain
St. Joachimsthal

Die Besiedlung

Um die Jahrtausendwende befand sich das Gebirge noch im Zustand völliger Unberührtheit. Berge und Täler bedeckte ein dichter Mischwald. Im Tiefland siedelten entlang der Flußläufe unangefochten die Sorben. Sie gaben dem Wald den Namen Miriquidi, das bedeutet Schwarzwald. Bis in unsere Tage findet man bei einem Teil der heimatlichen Ortsnamen den sorbischen Namensstamm wie: Chemnitz = Kameniz, Sayda = Saydow, Zwickau = Zwizowe, Schlettau = Shelhin.

Doch diese Epoche neigte sich noch vor der Jahrtausendwende ihrem Ende zu. Vom Westen drängten deutsche Stämme nach Osten und bildeten, entlang der Flüsse, Stützpunkte. Aus dem östlich angrenzenden Königreich Böhmen gingen die Siedlungsbewegungen dagegen westwärts. Zu den frühen böhmischen Gründungen in dem Gebiet, das hier besprochen werden soll, gehörten unter anderen Teplitz, Pirna und Dohna. Später kamen das Kloster Osseg, sowie der Bergbauort Graupen hinzu. Begünstigt durch frühe Erzfunde verlief die Kolonisation bis in die noch schwer zugängliche Kammlage zum Mückenberg und in das Gottleubatal.

929 kam es zur Gründung von Meißen. Das sollte über Jahrhunderte für den Raum, den wir heute unter dem geographischen Begriff Sachsen verstehen, der maßgebende Ort bleiben. Von hier erweiterten und festigten die Markgrafen von Meißen ihr Territorium.

Nachdem die Sorben aus den Dresdner Elbauen, die sie als Gau Nisan (das heißt Tiefland) bezeichneten, zum Teil verdrängt waren, wurde auch der Weg in das Gebirge frei.

Die Kolonisation verlief hier ebenso wie im Tiefland zunächst entlang der Flußläufe. Von den Markgrafen von Meißen wurden mit Unterstützung ihrer Ritterschaft Befestigungen errichtet und diese an Letztere als Lehen vergeben. Sie wurden als Bollwerke gegenüber den Gebietsansprüchen der böhmischen Könige angelegt und gleichzeitig sollte dadurch der Zugang nach Böhmen erleichtert werden. Darüberhinaus dienten die Burgen der wirtschaftlichen Versorgung und landmäßigen Vergrößerung. Die Burgherren sorgten damit für die Grenzsicherung und die Festigung der landesherrlichen Interessen. Der Grenzverlauf war zunächst ungenau, er veränderte sich mit den wechselnden Machtverhältnissen und blieb für lange Zeit ein Unruhefaktor. Diese Streitigkeiten hörten erst 1429 auf. Bis auf geringfügige Änderungen, die nach der Reformation durchgeführt wurden, legte man damals eine Grenze fest, die etwa auf dem Kamm des Gebirges entlangführt und bis heute besteht.

In dem nahezu unberührten Waldgebiet begannen nun die Rodungen. Jede Neugründung einer Siedlung beanspruchte neben dem Land für die wirtschaftliche Nutzung Platz für Bauten. So wurde damals der Anfang zu einem Landschaftsbild geschaffen, das uns noch heute vertraut ist. Es sind die weiten landwirtschaftlich genutzten Kahlflächen, die in den Wald geschlagen, sich von Jahr zu Jahr vergrößern sollten.

Durch die Gründung der Markgrafschaft Meißen und ihrer Unterbezirke lösten sich bisher gültige ältere Formen gemeinschaftlichen Lebens auf und fremde Menschen drängten in den noch leeren Raum. An der nachfolgenden Besiedlung waren wohl alle deutschen Stämme beteiligt, wenn auch in ungleichem Maße; die Franken hatten jedoch den größten Anteil daran. Später, nach der Entdeckung der Erzvorkommen, kamen vor allem Bergbaukundige aus dem Harz und aus Thüringen hinzu.

Mehr als 8 Jahrhunderte hindurch hat das Haus Wettin zunächst in der Markgrafschaft Meißen, dann in sich zum festen Staatsgebilde entwickelten Land Sachsen fördernd in Wirtschaft, Wissenschaft und Kunst gewirkt. Ohne diesen Hintergrund läßt sich die weitere geschichtliche Entwicklung des Gebirges nicht vorstellen.

Erster Erzfund

Noch vor den Burgengründungen im Müglitztal ließ Markgraf Otto das Kloster Altzella, nahe Freiberg, erbauen. Die Stiftung war dem Wunsche seiner Gemahlin Hedwig zu verdanken. Zunächst als Hauskloster für die fürstliche Familie errichtet, wurde es 1162 von Kaiser Barbarossa zur freien Abtei erklärt, nachdem es vorher mit einer großzügigen Schenkung von 800 Hufen Grenzwald bedacht worden war. Ab 1175 bewirtschafteten es die Zisterzienser Mönche. An diesem Ort kam es zum ersten Silberfund, der auf nachhaltige Weise das ganze Land verändern sollte. Nachdem die Silberadern entdeckt waren, führte Otto das Gelände wieder in seinen Besitz zurück und ließ dort Burg und Wirtschaftshof errichten, denn damals galt auch schon - wie Goethe später formulierte - „nach Golde drängt, am Golde hängt doch alles."

Die Burgengründungen

Vom meißnischen Niederland ausgehend verlief die Kolonisation durch den grundbesitzenden Ritterstand nach Süden und Osten. In der Reihenfolge, wie sie aus der Ebene vorstießen, wurden in den Flußtälern Burgen und Weiler angelegt. Nach dem Bau einer Befestigungsanlage oder eines Rittergutes errichtete man Waldhufensiedlungen. Das verlief im erzgebirgischen Raum in gleicher Weise wie in anderen Gebieten auch. In günstiger Lage, häufig in der Talenge, rodete man für Haus und Hof. Später wurden die Kahlschläge bis in die Hanglagen erweitert. Jeder Siedler erhielt eine Hufe Land. Der Dorfälteste bekam zwei Hufen zugesprochen und meist weitere Privilegien, wie das Recht auf Ausschank oder das Recht auf Schlachtung. Dafür leistete er in geringem Umfang Verwaltungsdienst für den Burgherren. Diese Waldweiler waren als Vorwerke der Burg oder des Rittergutes angelegt und dienten zu deren Versorgung. Da auch hier die schon erwähnte Reihenfolge angewendet wurde, ist anzunehmen, daß im Müglitztal nach der Burg Dohna, Burg Weesenstein, dann Burg Bärenstein und zuletzt Lauenstein entstanden.

Burg Dohna

Vermutlich nach der Jahrtausendwende wurde durch das Geschlecht der Donins auf Dohna die gleichnamige Burg erbaut, die damals zu Böhmen gehörte. Die Dohnas gründeten mehrere Burgen und Dörfer, darunter Rabenau, Höckendorf und Tharandt. Sie spielten bei der Erschließung des Landes eine maßgebliche Rolle. Noch 1378 mußte zum Beispiel jeder dritte Pfennig aus Gerichtseinkünften der Stadt Dresden an die Grafen abgeführt werden.

Um 1200 ließen die Burggrafen in Liebstadt ein Rittergut anlegen, das später zur Burg und schließlich zum Schloß Kuckuckstein erweitert wurde. Den reizvollen Namen erhielt es jedoch erst in der Zeit der Romantik. Ab 1651 übernahm die Familie von Bünau und von 1775 - 1930 die Familie von Carlowitz den Besitz. Die Bewohner des kleinen Ortes waren Handwerker und Bauern. Die verkehrsmäßige Anbindung an Liebstadt blieb gering, es hat bis heute keinen Anschluß an das Eisenbahnnetz. Aus diesem Grund hielten sich Industriebetriebe fern und die Bevölkerung blieb bis in das 19. Jahrhundert der Grundherrschaft unterworfen. Der Liebstädter Seilermeister Benjamin Geissler setzte sich 1790 bei den sächsischen Bauernunruhen, die im Elbsandsteingebirge und im Erzgebirge ausbrachen, für die Unterdrückten ein und forderte auf Flugblättern Veränderungen, die durchaus fällig gewesen wären. Leider wurden diese Anliegen nicht erfüllt und die Erhebung blutig niedergeschlagen.

Doch zurück zu den Anfängen. Um ihr Territorium zu sichern erhoben Böhmen und Meißen Lehnsansprüche an die Burggrafen von Dohna. Diese wiederum strebten eine eigene Landesherrschaft an, die sie mit Streitlust und Rauhbeinigkeit durchzusetzen suchten. Infolge solcher Querelen wurde die Burg Dohna durch Markgraf Wilhelm 1402 geschleift. Der Anlaß sei kurz erwähnt, da er typisch für die leichtfertige Art ist, mit der kriegerische Handlungen vom Zaune gebrochen worden.

Der große Ball

Jeschke von Dohna besuchte 1401 den Adelstanz im Rathaus zu Dresden, zu dem der Markgraf geladen hatte. Dabei flirtete er so provozierend mit einer verheirateten Frau, namens Mathilde, daß deren Ehemann Rützschel von Meusegast oder Rudolph von Korbitz - beide werden genannt - ihm beim Tanze ein Bein stellte. Das war der Startschuß zu einer allgemeinen Rauferei. In deren Folge floh Jeschke mit Mathilde auf seine Burg Dohna. Dort wurde dann in Gesellschaft von Bruder Maul und den Vettern Heide und John weiter gezecht und gewüstet. Der Markgraf, der der ständigen Händel seitens der Burggrafen ebenso überdrüssig war wie deren Symphatisieren mit dem böhmischen König Wenzel, machte kurzen Prozeß und ließ die Burg schleifen. Graf Maul und Graf Heide fielen bei dem Scharmützel. Das brachte Jeschke so gegen Mathilde auf, daß er ihr nun alle Schuld an dem Geschehen zuschob und sie in seiner Erbitterung niederstach. Dann floh er über die Befestigung Weesenstein nach Königstein. Als er sich auch dort nicht mehr halten konnte, zog er nach Ungarn weiter. Auch in der Fremde setzte er seine Räubereien und Überfälle fort und wurde aus diesem Grund schließlich 1415 geköpft.

Vom Geschlecht dieses Namens bestanden nach dieser Zeit noch weitere Nebenlinien. Diese bemühten sich um die Rückgewinnung von Besitz und Macht, was allerdings nicht gelang. Eine Seitenlinie zog mit dem Deutschen Ritterorden nach Osten und siedelte sich in Ostpreußen an.

Burg Weesenstein

Burg Weesenstein gehörte ebenso wie Burg Dohna zur Zeit seiner Erbauung in den Einflußbereich des Königs von Böhmen. Gegründet wurde die Burg vermutlich um 1200. Bis 1402 war sie im Besitz der Grafen von Dohna und fiel nach deren Vertreibung an die Markgrafen von Meißen. Diese gaben den Besitz als Lehen an die Herren von Bünau weiter, die über Jahrhunderte dort ansäßig blieben. Während dieser Zeit wurde die Anlage im wesentlichen zu dem Schloß ausgebaut, was wir noch heute vorfinden. 1830 kaufte es das inzwischen in Dresden regierende Haus Wettin zurück. Der spätere König Johann hielt sich häufig in Weesenstein auf und arbeitete unter anderem dort an seiner Dante Übersetzung.

Bemerkenswert an Weesenstein ist seine originelle Bauweise. Auf einem über dem Müglitztal liegenden Felsen baute man um diesen herum und von der Felsspitze nach unten. So sind die unteren Stockwerke des Schloßes die zuletzt errichteten. Ein steiler nach oben führender Zugang bringt den Besucher vom Tal bis in das untere Stockwerk. Ein zweiter Weg läuft in weitem Bogen um die Anlage und endet an deren Rückseite, die gleichzeitig die höchste Stelle des Gebäudes ist. Dieser Weg wurde vor allem zum Herbeischaffen der Versorgungsgüter und von den Pferden benutzt, die im oberen Teil ihren Stall hatten. Dadurch, daß der Pferdestall über den Gesellschaftsräumen des Schloßes lag, war ein echtes Kuriosum geschaffen.

Burg Bärenstein

Der Anfang von Bärenstein liegt im Dunkel der Geschichte. Wahrscheinlich wurde das als Rittergut angelegte Lehen um 1240 als Bastion gegen Böhmen erstellt. Von hier aus wurde 1434 das Vorwerk Schellerhau und 1450 das Vorwerk Hirschsprung auf frisch gerodeten Waldesboden erbaut. Um die ebenfalls zu Bärenstein gehörenden Dörfer Bärenstein, Börnchen, Walthersdorf, Falkenhain und Johnsbach gründen zu können, mußten weitere Lichtungen in den riesigen bärensteinischen Waldbesitz geschlagen werden. Vor 1519 erfolgten die Gründungen der Vorwerke Oberbärenburg und Bärenfels, dann das Dorf Zaunhaus, um 1540 Döntschten und schließlich um 1560 Kipsdorf. Bis 1491 gehörten die Orte Geising und Altenberg mit ihrem reichen Grubenbesitz ebenfalls zur Herrschaft Bärenstein. Nach dieser Zeit erhielten sie ein eigenes Amt und wurden damit der Landesverwaltung Sachsens angeschlossen. Alle Dörfer und Städte dieses Gebietes sind Gründungen von Bärenstein, denn von dort aus begann der Aufbruch und die planmäßige Besiedlung. Aber wie das mit Nachfolgern so geht, sie werden größer und manche wachsen ihren Urhebern über den Kopf. Das erging auch Bärenstein so, denn bis Mitte des 19. Jahrhunderts hatte die Stadt Bärenstein nur 450 und bis 1900 650 Einwohner und war damit die kleinste Stadt Sachsens. Trotzdem vermittelt der Marktplatz mit den alten Linden und den umliegenden Häusern ein Bild urbaner Geschlossenheit.

Ab wann das Geschlecht Bernstein in den Besitz der Burg kam und ob es von dieser seinen Namen ableitete oder umgekehrt, kann ich nicht angeben. Etwas über die Heraldik und das mögliche Herkommen der Ritter entnehme ich hier dem Sagenbuch von Köhler:

„Die Ritter von Bärenstein"

„In der Kirche des Städtchens Bärenstein finden sich die Bildnisse von Kaspar von Bärenstein auf Bärenstein und Bärenburg (1612), Walzig von Bernstein (1492) und Christoph von Bernstein (1534 oder 1515). Ein Albrecht von Bernstein, welcher ebenfalls auf dem Schloß Bärenstein wohnte, wird bereits im Jahre 1156 genannt, da er auf seine Kosten einem Turnier in Zürich, welches der Herzog von Baiern und König von Sardinien anstellten, beiwohnte. Früher schrieben sich die in Bärenstein ansässigen Ritter von Bernstein, weil sie aus der Schweiz, nahe Konstanz, abstammen sollen und dieser Name dort anzutreffen ist (z. B. Bern). Späterhin schrieb man aber, wahrscheinlich wegen der in der Gegend hausenden vielen Bären Bärenstein. Viele andere Orte in der Nähe tragen davon Namen wie: Bärenklau, Bärenhecke, Bärenburg, Bärenfels, Bärenklause usw. Auch führten die alten Ritter von Bernstein folgendes Wappen: Ein in silbernem Schilde zum Streite gerüsteter stehender schwarzer Bär. Auf dem Schilde ruht ein mit einer Krone bedeckter offener Turnierhelm, aus welchem ein zum Streit geschickter Bär hervorragt. Die Helmdecken sind schwarz und silbern."

Wappen von Bernstein

1676 ging das Lehen mit seinem inzwischen stark verkleinerten Grundbesitz an die Herren von Lüttichau und wurde von ihnen ca. 40 Jahre gehalten. Nach einer etwa hundertjährigen Pause erwarben sie es auf's neue und blieben bis 1945 in dem Besitz. Außerdem besaß die Familie über mehr als 200 Jahre die bei Dippoldiswalde gelegenen Rittergüter Ober- und Niederulberndorf.

Zur Ergänzung über das Herkommen dieses Geschlechtes zitiere ich nochmals aus Köhlers Sagenbuch:

„Das Geschlecht von Lüttichau"

„Das Wappen der Herren von Lüttichau sind zwei Sicheln und drei schwarze Federn. Die Sage erzählt folgendes: Es soll einst ein deutscher Kaiser in den Niederlanden gegen die Franzosen im Felde gestanden haben und in der Nähe von Lüttich mit dem feindlichen Heer zusammengestoßen sein. Anfangs war dieses im Vorteil, allein ein adliger Junker aus Meißen, der bei der böhmischen Reiterei des Kaisers diente und sich durch drei schwarze Federn auf seinem Helm auszeichnete, deshalb auch den Namen „der schwarze Hahn" erhalten hatte, hat sich mit seinen Leuten so wütend in die Reihen der Gegner gestürzt, daß er sie sprengte und die Kaiserlichen die Schlacht gewannen. Da hat ihm der Kaiser aus Dankbarkeit den Namen Lüttichau, weil er auf Lüttichs Auen den Sieg gewonnen hatte, und als Wappen zwei Sicheln, weil er die Feinde wie Korn abgemäht, verliehen."

Nun, das alles ist schwer nachzuprüfen, aber es steht ja auch in einem Sagenbuch. Bekannt dagegen ist, daß die Familie von Lüttichau als einen ihrer Ahnherren den 1711 von der Gräfin Cosel geborenen Sohn von August dem Starken ansieht.

Es muß um die Jahrhundertwende gewesen sein, als der damalige Herr von Lüttichau das zu Pfingsten stattfindende Altenberger Schützenfest besuchte. Dort spendierte er den anwesenden Kindern Karusellfahrten und richtete dabei an einen kleinen Jungen die Frage: „Weißt Du denn auch wo Dresden liegt?" Die danebenstehende Mutter beeilte sich mit folgender Antwort dem Kind aus der Verlegenheit zu helfen. „Wozu soll er denn wissen wo Dresden liegt, er kommt doch nicht dorthin."

Burg Lauenstein

Burg Lauenstein ist vermutlich Ende des 12. Jahrhunderts durch die Markgrafen von Meißen als Bollwerk gegen Böhmen und gegen die Machtansprüche der Grafen von Dohna erbaut worden. In einer markgräflichen Ministeriale von 1241 wird berichtet, daß die Eigentümer der Burg häufig gewechselt haben, bis sie das Geschlecht von Bünau übernahm. Diese siedelten von Weesenstein über Liebstadt 1517 talaufwärts nach Lauenstein und erwählten den Ort als Familiensitz. Ihr weitverstreuter Grundbesitz reichte bis Tetschen (heute Tschechoslowakei) an der Elbe. Da die Familie protestantisch war, verlor sie diesen großen böhmischen Teil ihres Landes nach der Gegenreformation an die Herren von Thum. Im Verlauf der nachfolgenden Kriege konnten sie ihre Anrechte auf den sächsischen Landesteil ebenfalls nicht halten. 1818 mußte der letzte Herr auf Lauenstein Günther von Bünau Konkurs anmelden. 1821 kauften die Grafen von Hohenthal das Schloß, auf dem sie bis 1945 verblieben.

Eine etwas obskure Sage erzählt von der Errettung eines Kindes, daß auf diesem Schloß beheimatet war: Agnes Katharina von Bünau, geborene von Ponikau, war 1651 Schloßherrin auf Lauenstein. Ihr Gemahl war auf einer Reise nach Mainz verstorben und kurz nach dessen Tod hatte sie einen Sohn geboren, an dem sie nun in großer Liebe hing. Eines Tages trug die Amme den inzwischen etwa zweijährigen Knaben spazieren. Begleitet wurden beide von der Mutter des Kindes. Als der Bub auf den Armen der Amme eingeschlafen war, legten ihn die Frauen auf eine Wiese, um dort Blumen zu pflücken. Dabei entfernten sie sich etwas von dem Kind. Das nutzte ein Raubvogel, der es geschwind bei der Leibbinde packte und mit ihm auf und davon flog. Das wiederum beobachtete ein heimkehrender Jäger, der den Vogel schoß, wonach das Kind unverletzt zur Erde fiel.

Auf einem Hügel, dem Schauplatz des Geschehens, ließ die Mutter später einen Turm errichten und darin eine Glocke aufhängen. Dieser Turm soll in der ersten Hälfte des 19. Jahrhunderts verfallen sein. Seither soll die Glocke einen Platz auf dem Turm der Lauensteiner Kirche gefunden haben. Der Hügel aber heißt seit damals „Katharinenstein".

Steinkreuze

Außer einigen Burgen und Kirchen, die aus den ersten Jahrhunderten der Besiedlung noch erhalten sind, finden sich nur wenige bauliche Denkmale aus dieser Epoche. Deshalb finden Archäologen im Gebirge kaum Arbeit. Die Nachrichten, die uns aus der Vergangenheit in Stein und Schrift erhalten blieben, stammen hauptsächlich aus dem Mittelalter. Trotzdem kann der historisch Interessierte weitere, wenn auch bescheidene, Zeugen aus früher Zeit entdecken. Es sind die Steinkreuze oder Kreuzsteine. Einige von ihnen sind Mordkreuze, andere sind Sühnekreuze, die am Ort des Geschehens errichtet wurden. Leider tragen nur wenige eine Inschrift, die uns Auskunft über Bedeutung und Alter geben kann, und wenn, dann hat oftmals der Zahn der Zeit die Nachricht getilgt. Deshalb bleibt der Betrachter auf Sagen und Legenden angewiesen, die sich um die Male gebildet haben.

Nordwestlich von Glashütte, nahe der Straße nach Luchau, steht das sogenannte „Wittichkreuz". Der Sage nach soll an dieser Stelle Weidholt von Bernstein auf Luchau um 1420 einen Raubritter getötet haben.

In Geising befindet sich an der Ecke einer kleinen Gasse, dem „Einfang", vor dem Garten des Hauses Altenberger Straße 65, ein Kreuz in dem ein Dolch eingeritzt ist.

In dem hier besprochenem Gebiet stehen weitere Kreuze in Obercarsdorf, Oberhäslich, Ulberndorf, Reinhardtsgrimma und Ruppendorf. Vielleicht entdeckt der eine oder andere auf seinen Wanderungen diese steinernen Zeitzeugen und macht es sich zur Aufgabe ihren Spuren nachzugehen.

Weitere Erzfunde

Die erste ritterliche Kolonisation und bäuerliche Besiedlung wurde durch sich häufende Erzfunde unterbrochen, die der gesamten Siedlungsbewegung ein schnelleres Tempo aufzwang. Die meisten Siedlungen im oberen Erzgebirge sind diesen Erzfunden zu danken, und viele dieser Orte wurden planmäßig als Städte angelegt. Unter ihnen entstanden stolze und erfolgreiche Bergorte wie zum Beispiel Freiberg und die im westlichen Erzgebirge liegenden Städte Annaberg, Marienberg, Scheibenberg, Schneeberg oder das auf böhmischer Seite gelegene Joachimsthal. Doch gab es bis hinauf in die Kammlage ältere Siedlungen, die vor der Zeit der Erzfunde bereits bestanden. Diese Weiler lagen meist entlang der Wege die nach Böhmen führten und waren bäuerlich orientiert.

Die Gründung von Altenberg

Darüber, wann der Bergort Altenberg gegründet worden ist, gibt es unterschiedliche Berichte. Einer, der mir mündlich nach 1945 vom ehemaligen Stadtkassierer Schulze, der gleichzeitig Betreuer der Kirchenbücher war, überliefert wurde, von dem ich aber die Quelle nicht kenne, geht davon aus, daß die Siedlung vor 1420 bestanden haben muß. Denn es gibt Berichte darüber, daß in diesem Jahr ihre Einwohner durch die Hussiten vertrieben wurden.

Als weiteren Beweis für die frühe Besiedlung führte er den Krumm-Hennersdorfer-Vertrag an. Dieser wurde am 8.8.1241 zwischen der markgräflichen Familie zu Meißen, dem Kloster Altzella und den Consuln (Senatoren) von Freiberg geschlossen. Unter den Unterzeichneten befindet sich Johannes de Antiquo Monte (von Altenberg).

In einem anderen Schreiben von 1262, indem ein Prozeß zwischen Dippoldiswalde und Freiberg behandelt wird, tritt der Bergsachverständige Johannes uffn altn Berg auf. Man kann wohl davon ausgehen, daß es sich hier um die gleiche Person handelt, wie in dem oben genannten Vertrag. Ob das jedoch als Beweis für einen schon bestehenden Ort Altenberg anzusehen ist kann bezweifelt werden.

Von Christoph Meißner, dessen Chronik von der Stadt Altenberg 1747 veröffentlicht wurde, wissen wir, daß der Ort als „uffn altn Berg" bezeichnet wurde. Er hat uns ebenfalls übermittelt, daß 1448 an der „Zinnkluft" am Geisingberg ein Gutzwittererz gefunden wurde. Sein Bericht lautet:

„Entdeckung der Altenberger Zwitter."

„Als anno 1448 in dem ehemaligen Wald, welcher dem Herrn Walzig von Bärenstein eigentümlich zugestanden, ein Köhler einen Meiler auf einem mächtigen flachen Gange, welcher jetzt die alte Fundgrube genannt wird, zugerichtet hatte, traf er im Anstoßen Zinn an. Denn die am Tage gelegenen Zwitter, welche der Köhler zu seinem Kohlenbrennen lange Zeit hindurch zum Unterlegen gebraucht hatte, waren durch die heftige Hitze nach und nach zermalmt und mürbe geworden, sodaß endlich „berglauter Zinn" zum Vorschein kam. Auf diese Art ist der so berufene Zwitterstock zum Altenberge unvermutet fündig geworden. Nachdem nun hierauf das Gerücht von diesem reichen Zinnbergwerk durchs Land erschollen, haben sich viele ausländische Bergleute an dem Platz niedergelassen und die Stadt Altenberg gegründet."

Wappen von Altenberg

1446 erhielten die Zinner (Bergleute) uffn altn Berg Privilegien, die in etwa denen eines verliehenen Stadtrechtes entsprachen, jedoch wurde das Stadtrecht erst 1451 ausgesprochen. Danach konnte ein wöchentlicher Markt (am Sonntag) abgehalten, eine Kirche erbaut, eine Badestube eingerichtet und möglicherweise bereits eine Schule begründet werden. Auf Schloß Bärenstein gibt es aus dieser Zeit die Anfänge einer Bergordnung, in der ein Bauplan für die Stadt festgelegt ist.

Um 1544 entstand das städtische Siegel. Es zeigt links oben den Heiligen Sankt Nicolai, er ist der Schutzpatron der Bergleute und ihm wurde auch die hießige Kirche geweiht. Rechts oben steht aufrecht der Löwe als Wappentier der Wettiner und unten sieht man einen Bergmann vor Ort.

Die Besitznahme des Landes nahm nach den Erzfunden einen stürmischen Verlauf, ca. 300 Jahre sollte das wirtschaftliche Wachstum anhalten. Doch zum Zeitpunkt, als das Gebirge erst in Anfängen erschlossen war, zog ein Unwetter aus dem Osten heran, daß die vielen hoffnungsvollen Ansätze fast vereitelt hätte und nur knapp sind die gerade erstandenen Gründungen der Vernichtung entgangen.

Die Mongolen kommen

1229 beschlossen die Mongolen auf der Reichsversammlung in Karakorum, der Residenz der Goldenen Horde, die Eroberung von Ost- und Südeuropa. Volle 8 Jahre beanspruchten die Vorbereitungen dafür.

In den Wintermonaten 1237 überrannte Batu, ein Enkel Dschingis Khans, Rußland. Aber noch vor Eintreten des Tauwetters zog er seinen riesigen Heerhaufen in die Gegend um die Wolgamündung zurück. Er riskierte kein Steckenbleiben im aufgeweichten Boden von Rußlands endlosen Weiten. Damit erwies er sich als umsichtiger Heerführer und vermied Fehler, wie sie später von Napoleon und Hitler gemacht werden sollten.

Auf schnellen ausdauernden Pferden stürmten die wilden Horden nach Westen, sie verbreiteten bei den überfallenen Völkern Angst und Schrecken und eine verhängnisvolle Lähmung. Die Überlegenheit ihrer Reiterverbände beruhte mit darauf, daß sie im Umgang mit ihren Pferden Hilfsmittel benutzten, die beim Gegner noch unbekannt waren. Unter anderem waren das die Steigbügel, die ihnen Halt und freie Hand zum Gebrauch von Pfeil und Bogen gaben, ohne das das Pferd zum Stehen gebracht werden mußte.

Bei aller Zügellosigkeit waren das jedoch keine planlos durchgeführten Kriegszüge, in denen die Mongolen wahllos nach Westen ritten. Diese vorherrschende Auffassung ist unrichtig. So grausam sie während der Streifzüge hausten, war das Land erobert, galt ihr Interesse allein seiner Ausbeutung. Dazu bedienten sie sich der landeseigenen Fürsten. Selbst kümmerten sie sich weder um die Verwaltung noch um die Gerichtsbarkeit des eroberten Gebietes. Sie setzten die angestammten Fürsten unter Druck und erzwangen durch sie die Eintreibung des Tributs. Planung und Strategie waren durchaus Grundlage ihres Handelns.

Sehr zum Schaden der Betroffenen wurde ein nennenswerter Widerstand kaum geleistet. Anders verlief es als Batu 1241 in Schlesien stand, dort wurden ihm in der Schlacht bei Liegnitz durch den Piastenherzog Heinrich dem II. von Liegnitz (regiert von 1238 - 1241), unterstützt durch den Deutschen Ritterorden, schwere Verluste zugefügt. Trotzdem zog er weiter westwärts durch die Lausitz und zerstörte auf seinem Kriegszug unter anderem Zittau und Meißen. Damit war das Unheil sehr nahe an das hier besprochene Gebiet herangerückt.

Das nach der Zerstörung von Meißen die Überfälle ihr Ende fanden, verdankt die Geschichte allein dem Umstand, daß zu diesem Zeitpunkt die Nachricht vom Tode des Großkhans bei Batu eintraf. Die Großkhane waren Wahlkaiser, also mußte sich Batu in Karakorum einfinden, um an der Wahl des Nachfolgers teilzunehmen. Ungeschlagen wurde der Rückzug angetreten, und den sich erst zaghaft bildenden Siedlungen des Gebirges blieb so diese Heimsuchung erspart. Allerdings kann man nicht unbedingt davon ausgehen, daß sich die Mongolen in das noch wenig erschlossene Waldgebiet begeben hätten.

Dagegen trafen 189 Jahre später kriegerische Überfälle und Vernichtung das Land auf direkte und nachhaltige Weise.

Die Hussiten

1420 fielen, von Teplitz (Böhmen) kommend, die Hussiten in Sachsen ein. Dabei wurde Altenberg vollständig niedergebrannt und die Einwohner flüchteten in die befestigte Stadt Dippoldiswalde. Aber auch dieser Ort wurde 9 Jahre später, am Heiligen Abend 1429, ein Opfer der kriegerischen Auseinandersetzungen. Dippoldiswalde wurde ebenfalls geplündert und niedergebrannt. Wahrscheinlich blieben die überlebenden Einwohner von Altenberg bis zum Friedensschluß 1436 in der Fremde.

Durch diese Überfälle litten nicht nur Mensch und Land, auch der erst in den Anfängen begriffene Bergbau kam während dieser Zeit zum Erliegen. Die ansässige Bevölkerung büßte Haus und Vieh ein, Vorräte und Saatgut wurden vernichtet. Die zusammengeströmten Menschen konnten am Zufluchtsort nicht ausreichend ernährt werden. Es kam zur Verknappung aller Güter, zu Teuerungen und zur Hungersnot.

Da die Lausitz, aber auch das Erzgebirge als Grenzland unter diesen Auseinandersetzungen ganz außerordentlich gelitten hat, möchte ich etwas näher darauf eingehen welche religiösen und politischen Strömungen und auch welche gegenläufigen Interessen zu den Spannungen geführt haben, die den gesamten mitteleuropäischen Raum berührten.

Obwohl der Reformator Huß bereits 1415 in Konstanz verbrannt worden war, stritten seine Anhänger erbittert weiter, um ihre zum Teil sehr berechtigten Forderungen durchsetzen zu können. Die Ursachen lagen aber auch in einer schon vorhandenen nationalen Gegnerschaft zwischen Tschechen und verschiedenen deutschsprachigen Bevölkerungsgruppen. Der Hauptanlaß zu dieser Bewegung war jedoch Unzufriedenheit mit ihrer Kirche. Damals regte sich überall in Europa Widerstand gegenüber einer autoritären Kirche, deren Streben nach Macht und Reichtum im krassen Gegensatz zu jenen Forderungen stand, die sie von ihren Gläubigen erfüllt wissen wollte. Den gleichen Widerstand finden wir etwas später bei Savanerola in Florenz (1452 - 1498), bei Luther (1484 - 1546) oder Calvin (1509 - 1564) in der Schweiz.

Die Veränderungen, die die Hussiten durchsetzen wollten, bezogen sich zunächst vordringlich auf:

- Ablösung des lateinischen Predigttextes zugunsten der jeweiligen Landessprache
- Armut der Priester
- Bestrafung der Sünder durch ein weltliches Gericht.

Diese Vorstellungen stießen jedoch bei dem König von Böhmen auf Ablehnung. Dadurch radikalisierte sich die Bewegung mehr und mehr und ihre vormals nur auf kirchliche Bereiche beschränkten Forderungen machten nun auch vor staatlichen Rechtsfragen nicht halt. Sie brachten Unruhe in das Zusammenleben der Menschen.

Ein Vorkommnis, das uns heute als sekundäres politisches Ereignis erscheint, hatte für die Ausweitung des Hussitenkrieges große Bedeutung. Es war der Abzug der deutschsprachigen Professoren aus der Prager Universität.

Gemäß der verschiedenen Nationalitäten der Studenten, die dort immatrikuliert waren, lehrten sprachlich unterschiedliche Gruppen von Professoren. Die Anzahl der Professoren entsprach also der Anzahl der verschiedensprachigen Studentengruppen. Die böhmische Gruppe bestand vorwiegend aus Tschechen und lehrte in Tschechisch, während die bayerisch - sächsisch - polnische (schlesische) Gruppe deutsch sprach. Auf letztere entfielen 3/4 der Mitspracheberechtigten an der Prager Universität. Dadurch fühlte sich die tschechische Minderheit übervorteilt. Es kam zu nationalen Spannungen, in deren Folge 1409 der größte Teil der deutschsprachigen Professoren das Land verließen. Dieses Ereignis verschärfte die schon vorhandenen Spannungen.

Nach dem Tod von König Wenzel (1378 - 1419) kam es 1419 in Prag zum Aufstand. Unter ihren Führern Prokop dem Großen und Prokop dem Kleinen stießen die Hussiten plündernd und sengend weit nach Schlesien und in den sächsischen Raum vor. Damit begann ein Krieg, der noch 17 Jahre dauern und in dessen Folge neue politische Machtverhältnisse entstehen sollten, denn die aufgebrachten und nicht mehr kontrollierbaren Horden bedrohten auch die Stabilität des eigenen Landes.

Zwischen Sachsen und Böhmen bestanden ältere Bündnisse, die die Markgrafen von Meißen verpflichteten, im Bedarfsfalle der Krone Böhmens mit 500 Mann zu dienen. Trotzdem der König von Böhmen diese Verpflichtung wiederholt anmahnte, blieb man sie ihm schuldig. So konnte sich nahezu ohne Gegenwehr Haß und Fanatismus der Hussiten austoben. Auch Papst Martin V. drängte auf Verfolgung. Doch alle Versuche, auch von polnischer Seite, sich zu gemeinsamer Abwehr zu formieren, blieben zaghaft und unzureichend.

1426 hatten die Hussiten die Feste Aussig besetzt. Damit wuchs für die Nachbarländer die Bedrohung. Kurfürst Friedrich der Streitbare, war zu dieser Zeit im Reichsdienst abwesend. Deshalb versammelte die sächsische Kurfürstin Katharina die thüringisch meißnischen Gegenkräfte. Sie führte diese nach Aussig und belagerte die Stadt. Jedoch gelang den Hussiten am 26.8. ein Ausfall, und sie konnten die Belagerer vertreiben.

Damit blieben Sachsen und besonders das Erzgebirge als Grenzland weiterhin gefährdet. Schlimmer erging es Schlesien und insbesondere der Oberlausitz, die unter böhmischer Oberhoheit standen und damit im engeren politischen Verbande mit Böhmen lebten.

Aus Zittau meldete der Vogt Gottfried Rodenburg an den Hochmeister des Deutschen Ritterordens: Hunderte von Hussiten seien beim Einbruch in das Kloster des Heiligen Procop durch ein „Donnerwetter" erschlagen und durch den Einsturz eines Gewölbes getötet worden. Dabei müssen wir berücksichtigen, daß Zahlenangaben im Mittelalter selten wörtlich zu nehmen sind. Sie haben nicht immer Anspruch auf Genauigkeit und dienten oftmals der Ausschmückung des Geschchens. In diesem Fall könnte ein Hinweis auf die Gerechtigkeit Gottes enthalten sein.

Als sich dann die Hussiten spalteten leiteten sie damit ihre eigene Schwächung ein. Sie teilten sich in eine gemäßigte Richtung, den Utraquisten, dem vorwiegend das Bürgertum und der Adel angehörte. Der radikalere Teil waren die Taboriten, die sich nach einem Ort südlich von Prag nannten.

Eine Überlieferung von Fürstenau erzählt uns noch etwas aus dieser Zeit. Es ist die Legende um „das Marienbild in der Kirche zu Fürstenau", das ich gekürzt aus Köhlers Sagenbuch übernehme:

Eine geschichtliche Merkwürdigkeit besitzt das in einem der rauhesten Teile des Erzgebirges liegende Dorf Fürstenau in seiner Kirche, welche eine Filiale von Fürstenwalde und die älteste Kirche der ganzen Umgegend ist. Denn schon lange vor der Reformation war die Kapelle in Fürstenau eine Tochter der Hauptkirche zu Graupen (Böhmen), sie führte den Namen „Zur unbefleckten Empfängnis Maria" und ward 1424 mit einer Glocke beehrt. Am Altar der Kirche befand sich ein Marienbild. Zu diesem Bild zog der fromme Glaube eine Menge Wallfahrer. Von geheilten Kranken zurückgelassene Dankesgaben sollten die gnadenreiche Wirkung bezeugen. Auch noch jetzt findet alljährlich am Sonntag nach Maria Heimsuchung eine Wallfahrt aus dem benachbarten Böhmen statt.

Zur Zeit der hussitischen Unruhen wurde das genannte Bild von Dieben entwendet. Da es reichlich mit Gold versehen war, weckte es die Begehrlichkeit. Doch die Diebe sollen sich verlaufen und das Bild einstweilen in einem Strauch versteckt haben. Kaum sei das Bild aus ihren Händen gewesen, so hätten sie auch den Weg wiedergefunden. Als einer der Diebe zurückgegangen sei, um das Bild zu holen, war es verschwunden. Tags darauf sei es wieder an seinem Platz in der Kirche gewesen. Einer der Beteiligten soll das seinem Beichtvater auf dem Sterbebett berichtet haben.

Bei einem zweiten Entwendungsversuch sollen die Diebe des nachts in der Nähe von Teplitz angefallen, und ihnen das Bild abgenommen worden sein. Es wurde dann dem Prior des Klosters Mariaschein übergeben. Dieser habe das Bild seiner Schönheit und seiner Kostbarkeit wegen für sich behalten oder es einer anderen Kirche verehren wollen. Über die Grenze nach Fürstenau wollte er es jedoch nicht zurückgeben. Allein sei das Bild auf einmal verschwunden und wieder an seinem alten Platz in der Kirche von Fürstenau gewesen.

Diese Begebenheit ist auf Befehl des Priors in allen Kirchen der Umgebung bekanntgegeben worden. Seitdem sei nie wieder ein Entwendungsversuch gemacht worden.

Der Bergbau

Im beginnenden 15. Jahrhundert folgte Erzfund auf Erzfund und aus dem Waldgebirge wurde nun das Erzgebirge. Neben Silber und Zinn wurden Kupfer, Eisen und weitere Mineralien entdeckt. Die Zahl der gefundenen Erze ist umfangreich, jedoch kann hier nur auf die wesentlichsten eingegangen werden.

In Folge der Weiterungen füllten sich die Täler der Müglitz, der Roten Weißeritz, der Gottleuba, sowie die der kleineren Bachläufe mit technischen Anlagen wie: Schächten, Pochwerken und Schmelzhütten. Arbeiten konnten sie alle nur, wenn genügend Wasser und Holz verfügbar war. Denn der Vortrieb unter Tage erfolgte dadurch, daß man in einem dazu ausgeräumten Hohlraum Feuer legte, damit das Gestein durch die Hitze mürbe und bröckelig werden konnte. Diese Arbeit wurde zum Wochenschluß, also am Freitagabend, durchgeführt. So konnte das Feuer bis Montag früh, zu Beginn der ersten Schicht, Vorarbeit leisten. Man betrieb also einen Brennabbau. Nach dem Ausräumen des erweiterten Stollens mußte dieser mit Stämmen abgesichert werden. Diese Arbeitsmethode verschlang ungeheuere Mengen an Holz. Um die notwendige Wassermenge verfügbar zu haben, mußte ein gut durchdachtes Zuleitungssystem angelegt werden.

Die höchste Erhebung in unmittelbarar Nähe zum Ort Altenberg ist der Kahleberg mit über 900 m Höhe. Unter seinen windzerzausten Fichten entspringen zahlreiche Quellen, die ihren Wasserreichtum in die zur Ostseite des Städtchens liegenden Galgenteiche ergießen. In diesen Teichen wurde das Wasser gesammelt und gespeichert, um für die Zinnaufbereitung verfügbar zu sein. Die zinnverarbeitenden Anlagen hatten neben dem großen Holzverbrauch auch einen enormen Wasserverbrauch, der auch in trockenen Perioden in ausreichender Menge zur Verfügung stehen mußte. Erbaut wurden die beiden Staubecken zwischen 1543 - 1553. Sie bedecken eine Fläche von etwa 10 Hektar und liegen auf einer Höhe von 787 m. Auf einer angrenzenden Wiese befand sich die Richtstätte, der Galgen, von dem sie ihren Namen ableiten.

Hauptlieferant für dieses Wasserreservoir ist der Neugraben. Er bringt sein Wasser von den 896 Meter hoch liegenden Lugsteinen und trägt es gezwungenermaßen, da auch er ein Kunstgraben ist, auf einen 7 km langen Weg um den Kahleberg bis in die Sammelbecken der Galgenteiche. Mit noch anderen wasserführenden Gräben hat das gesamte Grabensystem eine Länge von 30 km. Die Anlage dieser Wasserzuführer ist einfach, da hier das natürliche Gefälle des Geländes genutzt werden konnte. Dagegen ist der 1460 von Hans Münzer gekaufte und von Zinnwald nach Altenberg geleitete Aschergraben ein respektables Beispiel künstlicher Wasserführung. Er erhielt seinen Namen von den Äschern - Aschern - Köhlern, denen im 15. Jahrhundert das Waldgebiet, aus dem er kommt, zugewiesen war. Sein Wasser fließt nicht in die Galgenteiche, sondern direkt zu den Zinnwäschen, die an den Abhängen nach Geising liegen. Insgesamt handelt es sich bei den Graben- und Stauanlagen um eine große technische Leistung jener Zeit.

Bergparade

Arbeitsrechte und Pflichten im Bergbau

Bei Agricola (1494 - 1555), dem Begründer der wissenschaftlichen Metallurgie, dem wir so viele Mitteilungen in Wort und Bild verdanken, finden sich Hinweise auf arbeitsrechtliche Regelungen. Sie sind für unsere Zeit, die sich so viel auf ihre sozialen Errungenschaften zu gute hält, recht erstaunlich.

Demzufolge war jeder Arbeitstag in 3 Schichten zu je 9 Stunden eingeteilt. Die 9. Stunde wurde dem Bergmann als Wegezeit für den Gang zur Grube oder von ihr nach Hause zugestanden. Eine Woche hatte 5 Arbeitstage, Samstag und Sonntag waren frei. Die Schichten waren in Früh-, Mittags- und Nachtschicht eingeteilt, wobei für die Nachtschicht eine besondere Arbeitsgenehmigung erforderlich war. Diese Regelungen haben sich immer wieder geändert, denn sie waren an die gerade gültige Bergordnung gebunden, ähnlich, wie wir das heute von den gewerkschaftlichen Tarifordnungen her kennen. Außerdem hatten sie nur für einen Ort und seine umliegenden Gruben Gültigkeit. Dabei konnten von Bergort zu Bergort recht unterschiedliche Arbeitszeiten und Löhnungen bestehen. Leider konnte ich nirgends etwas über den realen Wert des Arbeitslohnes erfahren. Gewiß wird keiner der Knappen ein reicher Mann geworden sein. Aber wenn wir uns vor Augen führen, daß erfahrene Bergleute aus Franken, dem Harz und aus Thüringen in das noch wenig erschlossene Gebirge kamen, so muß für sie dazu ein materieller Anreiz bestanden haben.

Der freie Samstag diente den Bergleuten auch zur Versorgung mit Lebensmitteln für die kommende Woche. Die Naturalien waren ein Teil der Löhnung (Deputat oder Naturallohn) und wurden je nach Herrschaftsverhältnissen an den dafür bestimmten Orten ausgegeben. So mußten die Altenberger Bergleute ihr Deputat bei ihrem Grundherrn in Bärenstein abholen. Das war Anlaß zu ständigen Reibereien und führte zu einem jahrelangen Streit, der schließlich 1469 mit einem erstmals durchgesetzten Arbeitsstreik endete. Durch vorangegangenen Zusammenschluß fühlten sich die Bergarbeiter gestärkt und konnten so den Streik über Wochen durchhalten. Gefordert wurde Entlohnung in sächsischem Geld, da das oft gezahlte böhmische Geld einen geringeren Wert hatte. Die Auszahlung sollte am Arbeitsplatz erfolgen und die Streiktage ebenfalls entlohnt werden.

Am 4.9.1469 entschied Kurfürst Friedrich II., daß die Grubenbesitzer ihre Knappen in neuer meißnischer Münze, dem sogenannten Wertgroschen, zu bezahlen hätten. Der Betrag wurde auf 14 Wertgroschen wöchentlich festgelegt, das waren etwa 2 Wertgroschen mehr als in den westerzgebirgischen Gruben üblich war. Andere Forderungen, wie die Bezahlung der Streiktage, wurden nicht gewährt und blieben damit weiterhin als Zündstoff erhalten, weshalb die Häuer (Hauer - ein Bergmann, der mit Schlägel und Eisen im Gestein arbeitet, außerdem gehört Schießen und Bohren zu seiner Arbeit) nur schleppend ihren Verpflichtungen nachkamen. Der Grundherr Walzig von Bernstein beklagte sich, daß etwa 1/3 seiner Gruben nicht fördere. Um diese Differenzen zu beseitigen wurde am 24.7.1491 die erste Bergordnung erlassen, in der erstmals der Name Altenberg aufgeführt ist. Bisher wurde der Ort, neben den schon angeführten Schreibweisen, auch als am „Geußingberge" benannt. In anderen Schriftstücken ist von „Aldenpergk" oder „Alden-Berge" die Rede.

Für Walzig von Bernstein brachte die Verordnung eine weitere Härte. Er wurde durch den Kurfürsten zu fast kostenloser Holzlieferung an die Gruben verpflichtet. Diese Belastungen waren so erheblich, daß er infolgedessen seinen Besitz verlor.

Regelungen solcher Art gab es auch zwischen dem Kurfürsten und der Kirche. Sie befaßten sich meist mit Streitfragen, die den Grundbesitz betrafen oder arbeitsrechtliche Forderungen von Leuten behandelten, die in einem abhängigen Arbeitsverhältnis bei den Kirchen standen. Dabei blieben die Formulierungen des Textes an die Adresse der Römischen Kirche behutsam und vorsichtig, wie im nachfolgendem Fall. Am 4.1.1523 schickte Herzog Georg von Sachsen ein Schreiben an den Bischof Johann von Meißen und bat darum, daß die Einwohner von Altenberg während der Fastenzeit Eier und Milchspeisen essen dürften, da die Schwere der Arbeit eine ausreichende Ernährung erfordere.

Eine weitverbreitete Unsitte, die die Bergordnung zu regeln suchte, war das Fernbleiben vom Arbeitsplatz aus persönlichen oder familiären Gründen.

„Gevatterschaft", das war die Übernahme einer Patenschaft für ein Neugeborenes oder „Wirtschaft", das bezeichnete die Hochzeit (Gründung einer Wirtschaft), waren dafür beliebte Anlässe. Die Bergleute forderten die volle Bezahlung einer Fehlschicht, die Gewerken bestanden dagegen auf einen Lohnabzug in Höhe von 3 - 5 Schichten, der auch als Bestrafung gedacht war. Deshalb setzte der landesherrliche Schiedsspruch fest, daß „Wirtschaft" und „Gevatterschaft" nur noch an den freien Tagen gefeiert werden durften.Da bei solchen Anlässen ganz allgemein, bei den Knappen aber besonders viel getrunken wurde, kam es nun zum Fernbleiben am Montag. Von da an gibt es die Bezeichnung „blauer Montag" (blau - betrunken).

Mir will scheinen der Schiedsspruch hat nicht viel gebracht. Denn trotz des Verbotes konnte sich der Brauch an einigen Stellen bis in die Neuzeit halten. Er ging vom Bergmann auf den Industriearbeiter über und noch zu Beginn des 20. Jahrhunderts gab es im westlichen Erzgebirge montags hier und da leere Fabrikhallen.

Bereits damals finden sich erste Ansätze für die spätere Knappschaftsversicherung. Das war der Büchsenpfennig. Er wurde von Steigern (Aufseher der Bergarbeiter) und Knappen entrichtet, während Arztgeld und Lohnfortzahlung bei Arbeitsunfällen Leistungen der Gewerken blieben. Die Zahl der Unfälle scheint sehr hoch gewesen zu sein. Sicherungsschutz für den einzelnen wie für das Ganze waren teilweise recht unzulänglich. Die Einrichtung des Büchsenpfennigs wurde im 17. und 18. Jahrhundert durch die kluge Wirtschaftspolitik der sächsischen Regierung, die die Arbeitskraft der Knappen schützte, erweitert. Seit 1710 bestand in Anfängen eine Betriebskasse, die im Laufe der Zeit eine ständige Verbesserung zu Gunsten der Bergleute erfuhr. Um 1800 trugen die Zechen alle Kosten bei einer notwendig werdenden Kur. Bei der Häufigkeit der Berginvalidität dürften dafür ansehnliche Beträge fällig geworden sein. Aus heutiger Sicht erscheint uns das ganz selbstverständlich, doch kann man es gerechterweise nur aus den damals üblichen Gepflogenheiten heraus beurteilen, und da war eine solche Einrichtung durchaus die Ausnahme.

Der berufliche Werdegang eines Bergmannes war ähnlich der eines Spezialarbeiters oder der bei einer handwerklichen Ausbildung, aber ohne die später erfolgten Einengungen, die sich durch die Körperschaften der Zünfte ergaben.

Jeder konnte sich von Stufe zu Stufe hocharbeiten. Untereinander erwarteten die Bergleute eine kameradschaftliche treue Zuverlässigkeit, die bei ihrer gefahrvollen Arbeit lebensrettend werden konnte. So bildeten die Knappen eine auf ihre Arbeitsbedürfnisse ausgerichtete Gemeinschaft, ähnlich wie sie von der „Christlichen Seefahrt" her bekannt ist. Die Standesehre wurde vorangestellt und hoch geachtet. Aus dieser Haltung heraus mag auch die außerordentliche Verbundenheit und Liebe zur Heimat erwachsen sein, die dem Erzgebirgler so eigen ist.

Bergmann und Engel

Bergadel

Die Nachricht von immer neuen Erzvorkommen lockte auch Unternehmer von Freiberg, Graupen und anderen Bergorten herbei, die die neuen Fundorte zuerst in Zinnwäschen, später mittels getäufter Schächte, ausbeuteten. In der Hoffnung auf bessere Bezahlung eilten Bergleute aus anderen Abbaugebieten in das Erzgebirge, alle erhofften sich hier günstigere Existenzmöglichkeiten. Die Wagemutigen hatten Konjunktur, denn jedermann hatte die Berechtigung Schürfrechte zu erwerben. Dabei kamen einige Grubeninhaber zu ansehnlichen Wohlstand. War der erreicht, so bildeten sie zusammen mit anderen Fundgrübern einen bürgerlichen Feudaladel - vielleicht sollte man ihn besser Bergadel nennen -, der sich teilweise mit den angestammten Herrengeschlechtern verbinden konnte.

Eine solche Familie waren zum Beispiel die Röhlings, die in vielen Orten des westlichen Erzgebirges Eisen- und Zinngruben besaßen und über weitreichenden Einfluß verfügten. Erasmus Röhling begründete vor 1445 Gewerke in Altenberg und Geising. Mit ihnen versippt war die Familie Alnpeck, die im 15. Jahrhundert ebenfalls am Altenberger Zinnabbau beteiligt war. In späterer Zeit hatte die Familie Buchführer großen Grubenbesitz in Altenberg. Eine weitere solche Familie, deren Wirken bis in unsere Tage Spuren hinterlassen hat, sind die Münzers. Hans Münzer war Ratsherr in Freiberg. Er besaß Gruben in Freiberg, Altenberg, Lauenstein und Zinnwald. Wir wissen, daß er allein aus seinem Betrieb „am schwarzen Stein" in Altenberg 200.000 Taler gezogen hat. Es handelt sich hierbei um jenen Hans Münzer, der den Aschergraben anlegen ließ.

Aus einer wohlhabenden Altenberger Grubenbesitzerfamilie stammte auch jene „Anna", deren Nachnahmen ich leider nicht kenne. Die Begebenheit, die mir mein Vater mehrfach erzählte, spielte zwar erst im 19. Jahrhundert, doch sei hier der zeitliche Vorgriff erlaubt.

Besagte Anna wurde als Bürgertochter standesgemäß in einem Dresdner Mädchenpensionat erzogen. Eines Tages ging eine Altenbergerin an jenem Pensionat vorüber und entdeckte Anna, die aus einem Fenster heraus auf die Straße blickte. Die Frau war bemüht dem Mädchen freundlich zu begegnen und rief zum Fenster: „Nu, Anna, lernst wo's neen?" (nähen). Darauf erfolgte die verdrossene Antwort: „Scheiße - Bildung!" Vom Vater jener Anna stammte auch der zukunftsfrohe Ausspruch: „Mei Gald werd emol ni alle", doch soll er, trotz seines Reichtums und seiner Prophezeiung, als armer Mann gestorben sein.

Die Erzfunde verändern das Leben der Menschen

Die Zeit der ungehemmten Zunahme immer neuer Fundstellen dauerte etwa bis 1480 / 85 und ist vielleicht mit den Jahren des Goldrausches in Amerika zu vergleichen.

Selbstverständlich verlangte ein sich ständig erweiternder Abbau zunehmend Kapital und unternehmerisches Denken und Handeln. Denn Erfolg und Gewinn waren ja nicht garantiert, auch mußte manche Durststrecke durchgestanden werden. Deshalb schlossen sich mehr und mehr einzelne Bergleute, die selbständig arbeiteten, zu Gewerken zusammen, oder es übernahmen kapitalkräftige Grubenbesitzer die Regie. Trotzdem gab es noch weiter den selbständigen Bergmann als Eigenhäuer (im abhängigen Fall waren es Lohnhäuer). Auf sich allein gestellt trug er das ganze Risiko, aber im Erfolgsfalle konnte er auch den ungeschmälerten Gewinn sein Eigen nennen.

Doch Wachstum schafft auch Probleme. So lesen wir, daß es im August 1471 in Schneeberg deshalb zu Unruhen kam, weil, angelockt durch reiche Silberfunde, mehr und mehr Menschen zuströmten. Dadurch verknappten sich Lebensmittel und Quartiere. Und, was schwerer wog, unter ihnen befanden sich nicht nur brave bergkundige Arbeitswillige, sondern auch zwielichtige Existenzen, die den schnellen Gewinn suchten. Diese Situationen wiederholten sich im gesamten Erzgebirge während der Expansionszeit. Doch gelang es jedesmal nach gewisser Frist, die Engpässe zu beheben und die Gemüter zu beruhigen.

Als man im weiteren Raum um Freiberg, bis hinauf in das obere Erzgebirge Silber schürfte, begann eine nie wieder erreichte Blütezeit. Das bescherte der markgräflichen Kasse hohe Einkünfte, deshalb galten die Meißner Herren als außerordentlich reich.

Kommt herbei ihr Knappen

Durch die Erträge im Bergbau verbesserte sich das allgemeine Leben. Der Landwirt konnte seine Produkte leicht und gewinnbringend verkaufen. Auch außerbergbauliche Verrichtungen waren gefragt und wurden gut bezahlt, so daß Handwerker verschiedenster Art Auftrag und Brot fanden. Ost- und Westerzgebirge erfuhren einen glänzenden wirtschaftlichen und kulturellen Aufschwung.

Nachdem 1492 am Pöhlberg Silber gefunden worden war, legte man am Schreckenberg die Stadt Annaberg an. Dieses Abbaugebiet erhielt später ein eigenes Münzrecht. Seit der Zeit war ein vielbenutzter Ausspruch: „Bist ein reicher Annaberger, hast den Sack voll Schreckenberger". 1509 zählte die Stadt bereits 8.000 Einwohner und war damit größer als Dresden oder Leipzig zu jener Zeit. In den großen Kirchen des Gebirges, wie dem Dom zu Freiberg, St. Annen in Annaberg oder St. Wolfgang in Schneeberg sehen wir noch die steinernen Zeugen dieses Wohlstandes.

Auch auf böhmischer Seite wurden ungewöhnliche Erzlager entdeckt. Im Zuge ihrer Erschließung gründete man unter anderem 1515 St. Joachimsthal. Bereits 15 Jahre später fanden dort 13.000 Bergleute in 800 Betrieben ihren Verdienst. Von den Einheimischen wurde St. Joachimsthal kurz „Thal" genannt. Daraus ergab sich dann die Bezeichnung Taler für das dort geprägte Geldstück. Von 1566 bis etwa 1750 war der Taler Reichsmünze. Diese Benennung wurde auch auf andere Münzen übertragen, wie auf den Maria-Theresientaler und schließlich auf den Dollar.

Noch ernährte der Bergbau die darin Beschäftigten, noch war er die stabilste Stütze für das Land. Über das Erz fand nicht nur der einzelne sein täglich Brot, auch das Wohl der Gemeinden war den reichen Funden zu verdanken. Die Abgaben der Gewerken von Pacht, Zins und Steuer flossen zum Teil auch in ihre Kassen, wie in die der Landes- und Grundherren, die die Nutzungsrechte hatten. Zwischen 1530 - 1618 vermehrte sich der Wohlstand breiter Bevölkerungsschichten und die Lebensbedürfnisse wuchsen.

Während dieser Blütezeit betrug die Ausbringung von Zinn allein in Altenberg 20.000 Zentner jährlich. Davon förderte der Zwitterstock 7.000 Zentner und der Radeschacht 6.000 Zentner. Von der dem Fürstenhaus gehörenden Roten Grube, deren Erzvorkommen am größten war, gibt es keine Förderzahlen. Die Höhe der Zinnausbringung in der Stollengewerkschaft und in der Bruderzeche ist ebenfalls unbekannt.

In diesen Zeiten muß es in den Wirtshäusern recht wüßt zugegangen sein. Deshalb bemühten sich Altenberger Richter und Schöffen, nachdem sie im Rathaus einen „Schenkkeller" eingerichtet hatten, dort gesittetere Zustände zu schaffen, als es sonst üblich war. Sie wandten sich mit einer Eingabe an den

Herzog Moritz von Sachsen und baten um Erlaubnis für diese Räume eine besondere Schankordnung zu erhalten. Dem wurde entsprochen und festgelegt, daß:

1.) Wenn einer dem anderen die Ehre schuldig bleibe und ohne Gotteslästerung schmähliche Worte gebe, der solle von Richtern und Schöffen mit einem Schock, aber der Gotteslästerer höher bestraft werden (es war nicht möglich zu erfahren, welches Bewertungsmaß unter einem „Schock" zu verstehen ist. Dabei muß berücksichtigt werden, daß Maßeinheiten in den verschiedenen Gebieten einen recht unterschiedlichen Mengenwert haben konnten. [Anm. d. Verfassers]).

2.) Sollte einer dem anderen einen Maulstreich geben, so solle er ebenfalls ein Schock Buße leisten.

3.) Wer eine Kanndel (Kanne) groß oder klein rücke, willens damit zu werfen, der solle ein Schock Strafe geben und die Kanne „verfallen" sein. Wenn er aber damit würfe, so solle er zwei Schock zahlen und hätte er mit diesem Werfen den anderen körperlichen Schaden zugefügt, so soll die Strafe nach der Kenntnis von Richtern und Schöffen festgesetzt werden.

4.) Greift einer mit einem Messer oder Wehre an, willens Schaden zu üben, der soll mit zwei Schock bestraft werden. Hat er die Tat bereits umgesetzt, dann soll er vier Schock Strafe leisten.

5.) Schlägt einer einem anderen blutige oder beinschrötige Wunden, den sollen die Richter und Schöffen unnachläßig 20 Gulden abnehmen.

6.) Darf keiner Blei, Kugeln, Creuz-Parten oder dergleichen in diesen Schenkkeller tragen oder tragen lassen, sonst drohe ihm ernste Strafe.

Gezeichnet ist das Schreiben mit dem herzoglichen Siegel unter dem Datum „Vincula Petri", den ersten Monatstag Augusti nach Christi unseres lieben Herrn Geburt in Tausendfünfhundertundfünfzig Jahre (Vincula Petri - das Fest Petri Kettenfeier (lat. vinculum - Band) in der römischen Kirche am 1.8. begangene Erinnerung an seine Befreiung aus dem Gefängnis).

Als Stadt- und Bergschreiber war bis 1617 Ambrosius Leibniz hier beschäftigt. Sein Enkel war der berühmte Philosoph und Naturforscher Gottfried Wilhelm Leibniz (1646 - 1716), der in Leipzig studierte, in Mainz, Hannover, Berlin und Wien wirkte und der erste deutsche Denker der Neuzeit von europäischen Rang wurde.

Verfall des Preisgefüges bei Zinn

Bis zum 30jährigen Krieg geriet das gesamte Land in ein wirtschaftliches Ungleichgewicht. Das hatte vielfältige Gründe, einer davon betraf unmittelbar den Bergbau. Durch den Rückgang der Silberfunde wurde minderes Metall für die Prägung verwendet. Damit entstand minderes, wertloseres Geld. Die Abgabenbelastungen der Grubeninhaber blieben dagegen bestehen und in vielen Fällen waren sie gezwungen Fremdkapital aufzunehmen. Doch wurde auch das immer schwieriger, da Kapitalgeber nicht gutes Geld verleihen, wenn sie später nur wertloses dafür zurückerhalten.

Durch diese Entwicklung wurde dem schwer arbeitenden Bergmann oftmals der Lohn vorenthalten. Seine Bezahlung konnte in ungünstigen Fällen bis zu 6 Wochen auf sich warten lassen. Was das für Auswirkungen für den einzelnen wie für die mitbetroffene Familie hatte, können wir uns kaum vorstellen. Es führte in die nackte Not. Dann mag das Gärtchen am Haus und die Ziege im Stall der einzige Rückhalt gewesen sein. Doch dürfen wir nicht übersehen, daß eine solche Situation nicht aus Willkür der Unternehmer, sondern aus gesamtwirtschaftlichen Unsicherheiten entstand.

Agricola weist darauf hin, daß durch die Teuerung der Schichtlohn zur Ernährung der Familie nicht mehr ausreichte, so daß die Bergleute Doppelschichten leisten mußten. In solchen Zeiten kam es immer wieder zu Kinder- und Frauenarbeit im Bergbau. Zwar wurden sie nur über Tage beschäftigt, doch blieben sie schamlos unterbezahlt. Normalisierte sich die wirtschaftliche Lage, so verschwanden diese unerfreulichen Zustände wieder.

In diesen verhängnisvollen Strudel wurde jedermann gezogen. Auch in der Landwirtschaft verfielen die Preise. In einer alten Chronik aus dem Jahre 1481 wird berichtet: „... daß der Scheffel Korn, welcher mehrere Jahre lang in der ganzen Gegend 2 Taler gekostet hat, in diesem Jahr für 7 Groschen abgegeben werden mußte." Bis 1507 sind die Preise bei den Landprodukten weiterhin gefallen, trotzdem konnte die Balance bis kurz vor Ausbruch des Krieges einigermaßen gehalten werden.

Der Dammbruch

Ein verhängnisvolles Unglück traf die Stadt Altenberg 1618. Nach einem schweren Wolkenbruch brachen die Dämme der Galgenteiche. Alles mit sich reißend, was ihrem Anprall nicht standhalten konnte, stürzten die Fluten durch den tieferliegenden Ort. Sie vernichteten unter anderem die gesamten Aufbereitungsanlagen am Mühlberg. Da es sich hierbei um einen privaten Unternehmensverlust handelte, erfahren wir etwas über den Schadenswert. Er wurde mit 2 Tonnen Gold angegeben!

Unterbrochen wurde die bergbauliche Erschließung des Gebirges nicht nur von untergeordneten lokalen Störungen, wie diesem Dammbruch, sondern die großen Heimsuchungen dieses Jahrhunderts, die fast immer ganz Mitteleuropa in Mitleidenschaft zogen, waren die Pest, die Hexenverfolgungen und der 30jährige Krieg.

Die Pest

Bereits von 1337 - 1349 wütete die Pest volle 12 Jahre im West- und Osterzgebirge, jedoch wurden nicht alle Gebiete gleichzeitig davon betroffen. 1456 schlug der schwarze Tod erneut zu.

Noch lagen zwischen den einzelnen Seuchenwellen längere krankheitsfreie Zeiträume, die sich späterhin verkürzten. Dadurch konnte sich die Bevölkerung von den erlittenen Menschenverlusten nur noch schwer erholen. Die Epidemien verbrauchten auch die Kraft und die Lebensenergie der Überlebenden. Erst wenn die Seuche wieder abgeklungen war, konnten sich die Betroffenen wieder auf ihre Zukunft und die ihres Landes einstellen, und oft genug waren das erschöpfte Kräfte in nahezu menschenleeren Ortschaften. Aus dem Buch „Der Pestpfarrer zu Annaberg" erfahren wir, daß auf dem Höhepunkt einer Krankheitswelle alleine in dieser Stadt täglich 20 Tote zu beklagen waren. Als 1568 nach einer erneuten Epidemie die Opfer festgestellt wurden, zählten außer den anderen Verstorbenen 800 Annaberger Klöpplerinnen zu den Toten.

In den Monaten August bis November 1582 verstarben in Altenberg 260 Personen an der Pest. 1613 wurden die Einwohner abermals von einer solchen Krankheitswelle dahingerafft, und auch die Jahre 1625 / 26 waren von der epidemischen Seuche bestimmt. Dazu kam noch die rote Ruhr (blutiger Stuhl), die zahlreichen Menschen das Leben kostete.

Bei der nachfolgenden kurzen Krankheitsbeschreibung halte ich mich an zeitgenössische Berichte. Möglicherweise würde ein heutiger Mediziner in einigen Punkten von dieser Darstellung abweichen.

Der Krankheitsverlauf der Pest hatte eine unterschiedliche Zeitdauer. Nach dem Ausbruch konnten nur wenige Stunden, aber auch viele Tage vergehen, bis der Tod eintrat. Nachdem Mattigkeit, Schwindel und Frieren eingesetzt hatte, trockneten die Schleimhäute aus, die Zunge schwoll an und verfärbte sich schwarz. Vornehmlich unter den Achseln und an den Weichteilen, aber auch an anderen Körperteilen bildeten sich Pestbeulen. Die Gesichtsfarbe des Kranken wurde hellgrün. Nur wenige überstanden die Seuche, und wenn, dann blieben sie meist von ihr gezeichnet.

Doch es wurde auch versucht Gegenmaßnahmen zu ergreifen, um den Kreislauf - Infizierung - Inkubationszeit - Krankheitsausbruch - zu durchbrechen und damit der Seuche entgegenzuwirken. Zum Beispiel wurden Häuser, in denen Pestkranke verstorben waren, anschließend mit Kräutern ausgeräuchert oder Decken und Wände mit Teer bestrichen und somit desinfiziert. Kleider und Gegenstände, mit denen der Kranke Berührung hatte, wurden verbrannt oder vergraben. Leider wurden solche angeordneten Maßnahmen oftmals nicht befolgt. Weil ein Kleidungsstück neu, ein Pelz kostbar oder ein Gegenstand unentbehrlich schien, umging man diese Vorschriften und trug so die Krankheitskeime weiter. Hinzu kam eine mangelhafte Hygiene, für die in weiten Bevölkerungskreisen noch das Verständnis fehlte. Dafür suchte man die Ursache der Seuche oftmals beim Teufel oder bei Personen, denen man zutraute, mit diesem im Bunde zu sein. Solcher Verdacht fiel meist auf vermeintliche Hexen, die überwiegend weiblichen Geschlechts waren und auf die Totengräber. Dieser Berufsstand war doppelt gefährdet, einmal, indem er bei seinen Verrichtungen mit den Toten in Berührung kam und zum anderen durch die Verdächtigungen, denen er ausgesetzt war.

Aber es gibt auch Beweise dafür, daß jemand trotz engster Fühlungnahme mit Infizierten überlebte. Ein Beispiel dafür ist Thomas Popel, der während des Pestjahres 1521 in Schneeberg als Schulmeister lebte. Als er eines abends angetrunken an der Totengrube vorüberging, in der die Verstorbenen ihrer großen Anzahl wegen schichtweise hineingelegt waren, stürzte er in die Grube. Obwohl er sich nur mit Mühe daraus befreien konnte, hat er doch keinen Schaden genommen. Das Zaubermittel war in diesem Fall wohl der Alkohol!

Wenn auch die Pest zu Ende des 17. Jahrhunderts abklang, so bedrohten andere epidemische Seuchen wie die Ruhr, rote Ruhr, Cholera, Thyphus, Diphterie und viele Kinderkrankheiten eine weitgehend ungeschützte Bevölkerung. Noch 1814 starben in Altenberg 142 Personen, als dort ein epidemisches Nervenfieber ausbrach.

Die Hexenverfolgungen

Ein besonders trauriges und abstoßendes Kapitel in der Geschichte des späten Mittclalters sind die Hexenverfolgungen. Wenn sich dieser Wahn ursprünglich nur in den katholischen Landesteilen ausbreiten konnte, so blieb er in seiner folgenreichen Zunahme doch nicht ausschließlich darauf beschränkt. Vom evangelischen Erzgebirge konnte ich keinen Hinweis auf einen solchen Vorgang in Erfahrung bringen. Wollen wir hoffen, daß es so war! Doch in den meisten europäischen Ländern flammten die Scheiterhaufen auf, und es sollte so bald keinem Menschen gelingen, diesen Brand einzugrenzen oder zu löschen.

Dadurch, daß der Gesetzgeber Hexen verfolgte und verurteilte, wurde beim Volk die Auffassung genährt, daß es solche tatsächlich geben müßte. Zumal sich über Jahrzehnte auch kein Fürst dagegen aussprach, blieben die Vorbehalte gegenüber den Ketzerprozessen gering. Vielleicht vertraten einige Landesherren selbst diesen Aberglauben oder sie schwiegen aus Furcht, denn auch Standespersonen konnten Verfolgungen ausgesetzt werden. Die Angst lähmte jeden Widerstand! Jede Anzeige oder besser Denunziation, wurde vom Gesetzgeber angenommen und ihr folgte ein Verfahren. Oft waren es nur wenige einflußreiche Personen aus Kirche und Gericht, die diese schrankenlose Ausweitung der Verfolgungen betrieben. Immer lief das Verfahren nach dem gleichen Prinzip ab. Der Denunzierung folgte die peinliche Befragung (Folter) unter deren Druck das Opfer oftmals weitere Personen als Hexen benannte. Da das Vermögen der Gepeinigten eingezogen oder von ihren Angehörigen Zahlungen erpreßt wurden, lohnte es sich, das Rad in Schwung zu halten. Leider ist auch unsere „aufgeklärte" Zeit nicht frei von solchem Denken. Was man damals vorgab im Namen Gottes zu tun, das tut man heute im Namen der Wissenschaft, lediglich der Begriff Folterkammer wurde durch den Begriff Laboratorium ausgetauscht.

Durch das Erscheinen des Schwedenkönigs Gustav Adolf (1594 - 1632) wurde die Aufmerksamkeit der kirchlichen Hierachie auf eine neue Gefahr gelenkt. Damit hatten die Ketzerverfolgungen ihren Höhepunkt überschritten. Trotzdem kam es noch bis zum 18. Jahrhundert zu Hinrichtungen.

Der 30jährige Krieg

Zu Beginn des 17. Jahrhunderts war Europa konfessionell zerstritten. Ursache waren die aus der Reformation und Gegenreformation erwachsenen Spannungen. Als Folge dieser Glaubensspaltung kam es 1618 zum Krieg, der von den deutschen Ländern einen gewaltigen Tribut fordern sollte.

Da zwischen den einzelnen Kampfhandlungen oft längere Pausen lagen, in denen weder Gefechte noch Durchzüge stattfanden, wurden die Gebiete sehr unterschiedlich betroffen. Im Erzgebirge konnten die ersten 14 Jahre leidlich überstanden werden, doch brachten die letzten 16 Jahre doppelt Schrecken und Not. Ein Name steht fast immer an erster Stelle, wenn von Zerstörungen und Plünderungen in diesem Raum die Rede ist. Auf den Werdegang dieses Mannes, Heinrich Holk, komme ich später noch zurück. Zunächst möchte ich auf Gepflogenheiten eingehen, die damals üblich waren.

Die Einschätzung des Gegners unterschied sich wesentlich von der Art, wie sie aus späteren Kriegen bekannt ist. Denn das Feindbild der Soldaten reichte nicht unbedingt über die Zeit eines Gefechtes hinaus. Nur während des Kampfes betrachtete man sich als Gegner. Nach Beendigung eines Scharmützels gab es häufig Kontakte über die Linien hinweg. Das traf vor allem bei den Offizieren zu. Oftmals standen Angehörige einer Bevölkerungsgruppe, Nachbarn aus einem Ort, ja Mitglieder einer Familie sich mehr oder weniger freiwillig als Gegner gegenüber. Für diese verwirrende, und wie uns heute scheinen will, unklare Lage gab es verschiedene Gründe. Einmal bestimmte die konfessionelle Zugehörigkeit darüber, wessen Interessen man vertrat, doch war das nicht durchweg so. Es gab genug Beispiele, daß in anderen Fällen ein Offizier des persönlichen Vorteiles wegen die Fronten wechselte. Der Krieg hatte Konjunktur, und Männer mit Führungseigenschaften wurden auf beiden Seiten gesucht. Die einfachen Soldaten hatten weniger Entscheidungsfreiheit. Sie wurden als Söldner angeworben, wobei sich ein Teil von ihnen, in der Hoffnung auf Beute, gern werben ließ. Andere wurden zum Heer gepreßt. Eine Ausnahme davon machten die Bergleute. Da ihre Arbeit als wichtiger Beitrag zur Entwicklung des Landes gesehen wurde und von ungelernten Kräften nur bedingt geleistet werden konnte, durften sie zum Kriegsdienst weder gepreßt noch geworben werden. Gefangene kannte man nicht. Entweder wurde der Feind an Ort und Stelle niedergemacht oder man übernahm die besiegte Truppe und ließ sie fortan für sich streiten. Die Gruppierungen waren instabil und die Disziplinlosigkeit groß. Immer wieder kam es vor, daß sich einige von ihren Verbänden lösten und plündernd als Beutemacher durchs Land zogen. Diese herumstreifenden Marodeure waren ein besonderer Schrecken und von der Bevölkerung entsprechend gefürchtet. Das Volk war es, daß am ärgsten litt, denn es wurde weder von Feind noch Freund geschont. Die Heere brauchten Quartiere, Verpflegung und Sold und das holte sich jeder direkt und dort,wo er es finden konnte. Da wurde nicht lange gefragt, seid ihr Protestanten oder Katholiken? Man forderte und zwang. Waren aber Keller und Scheune leer, oder versuchten die Bauern etwas für die Ihren zu retten, so bezahlten sie das oft genug mit ihrem Leben.

Die großen Gegenspieler in diesem Ringen waren der Schwedenkönig Gustav Adolf, der die protestanischen Heerhaufen anführte und der in kaiserlichen Diensten stehende Feldherr Wallenstein (1583 - 1634), der von Böhmen aus operierte.

Wie schon erwähnt, wurde das Erzgebirge erst nach 1630 vom Krieg betroffen. Die von dieser Zeit an aus Böhmen geführten Angriffe auf Sachsen sollten auch die Wirtschaftskraft des Landes treffen.

Für Altenberg, Glashütte, Dippoldiswalde und zahlreiche andere Ortschaften dieses Gebietes erwies sich der in wallensteinschen Diensten stehende, oben bereits angeführte, Feldmarschall Heinrich Holk als grausame Geißel. Zunächst stand Holk im dänischen Sold. Er stammte aus Schleswig und kommandierte einen zusammengewürfelten Haufen von Dänen, Deutschen und Schotten. Sie waren zum Entsatz für Stralsund über See gekommen und wurden dort mit großer Hoffnung und Erleichterung empfangen. Das sollte jedoch nicht lange so bleiben, denn bald mußten die Bürger von Stralsund erkennen, daß sie nicht mehr Herr im eigenen Haus waren. Von ihren vermeintlichen Rettern wurden sie auf das Roheste behandelt. Nachdem die Hoffnung, die Stadt halten zu können, mehr und mehr schwand, nahm unter den Ratsherren und der Bevölkerung die Neigung zu, sich zu ergeben. Diese Ansätze wurden von Holk auf seine Weise beantwortet. Er drohte mit den schrecklichsten Strafen. So sollte allen, welche weiterhin der Aufgabe der Stadt das Wort redeten, die Haut abgezogen und diese zur allgemeinen Abschreckung öffentlich ausgestellt werden. Als das Gerangel um Stralsund nach Monaten sein Ende fand, stand Holk an der Seite von Wallenstein. Auch das ist ein Beispiel für die schon angeführte Praxis, die Fronten je nach Gunst der Stunde zu wechseln.

Von Böhmen kommend zog Holk 1632 nach Lützen (bei Weißenfels). Mit seinen 1.500 Reitern erreichte er am 12.9. Altenberg und preßte dem Ort 1.500 Gulden Brandschatzung ab. Sie werden von der Bevölkerung nur unter äußerster Anspannung aufgebracht worden sein. Auch die goldene Kette der Schützengesellschaft wurde dazu mitverwendet.

Am 16.11.1632 besiegten die Schweden das kaiserliche Heer bei Lützen. 9.000 Mann sollen dabei gefallen sein, unter den Toten war auch Gustav Adolf. Nach der verlorenen Schlacht kamen zurückweichende wallensteinsche Truppen wieder durch Altenberg und brannten es nieder. Da war die erst vor Wochen geleistete Zahlung ein verfallener Tribut. Nur ein einziges Haus, die Ölschlägel

Mühle (später Hacker's Fabrik), blieb vom Feuer verschont. Die Einwohner flüchteten in die Schächte oder den nahen Wald. Zwei Bergleute haben darüber berichtet, wie sich die Bevölkerung über Monate in ihren Schlupfwinkeln verstecken mußte. In einem Stollen, in dem sich einige von ihnen aufhielten, haben sie auf einem großen Stein die Namen aller dort anwesenden Flüchtlinge eingeritzt. Darunter waren auch einige Neugeborene, die in jenem dunklen feuchten Schacht zur Welt gekommen und ihre ersten Lebenswochen dort verbringen mußten. Wie schwierig sich die Versorgung gestaltet haben mag, wie die Menschen gehungert und gefroren haben, das können wir uns wohl kaum vorstellen. Leider ist jener Schacht seit 1850 nicht mehr zugänglich und damit als historisches Denkmal verloren.

Bei dem Chronisten Lehmann (1611 - 1688) lesen wir, daß er zusammen mit den Seinen 25 Durchmärsche, 20 Einquartierungen und zahlreiche Ausplünderungen und Schikanen über sich ergehen lassen mußte. Selbst die Flucht in den nahen Wald bewahrte nicht immer vor Unheil. Die wallensteinischen Truppen schleppten alleine aus dem Westerzgebirge 12.000 Wagen mit Beute und 15.000 Stück Vieh mit sich und obendrein die Pest. Solche oder ähnliche Berichte hören wir aus fast allen deutschen Ländern.

Aller Bedrängung zum Trotz begann 1633 ein bescheidener Wiederaufbau. Die Menschen mußten essen, sie wollten wieder in soliden Häusern wohnen, das Leben ging weiter. Aber alle Mühe, aller Einsatz blieben in den Anfängen stecken, denn nun schlug wiedereinmal die Pest zu. Daß ihr in Altenberg die unglaublich hohe Zahl von 1.200 Personen zum Opfer fallen konnte, war wohl mit auf die vorangegangenen Ereignisse zurückzuführen. Sie hatten die Widerstandkraft und die Reserven angegriffen, die Menschen waren erschöpft. Die vielen Toten erforderten eine zweite Beerdigunsstätte, da der alte Friedhof an der Kirche die Gräber nicht fassen konnte. Deshalb wurde der „Spittelgarten" als weiterer Bestattungsplatz angelegt. Das dort befindliche Hospital, nach dem der Platz benannt ist, war 1632 mit abgebrannt und nicht wieder errichtet worden. Seit 1639 sprach man nun vom neuen Friedhof. Auf ihm wurden auch die Leichen der 7 Schweden beerdigt, die Bergmänner in den Schacht „der Halderung" geworfen hatten. Der alte „Gottesacker", der sich um die Kirche zog, wurde noch bis in das 19. Jahrhundert benutzt. Jedoch war dort ein Grab teuer und blieb somit den Wohlhabenden vorbehalten. Die Grabstellen auf dem neuen Friedhof wurden dagegen kostenlos abgegeben.

Als Folge der völligen wirtschaftlichen Zerrüttung kam auch der Bergbau zum Erliegen. Nichts ging mehr. Das Land war verwüstet, seine Menschen ohne Kraft und Hoffnung. Noch im gleichen Jahr verließen 2/3 der Einwohner Altenbergs den Ort. Wir wissen nicht, wohin sie gingen und was sie in ihrer neuen Heimat erwartete. Es wird wenig gewesen sein, denn das lange Wüten und die Pest hatten in ganz Mitteleuropa die Lebensgrundlagen zerstört. Über 12 Jahre bleibt nun die Bevölkerungszahl für das Städtchen mit 3.700 Personen konstant.

Auch die Kriegsgegner waren ausgeblutet und erschöpft. Wallenstein war entlassen, dann ermordet worden. Trotzdem sollten noch lange 14 Jahre bis zum Friedensschluß vergehen. Die Verhältnisse stabilisierten sich nur zaghaft. 1635 wurde die Arbeit im Bergbau in bescheidenem Maße wieder aufgenommen. Aber noch einmal schlug der Krieg den Ort und die umliegenden Siedlungen. Diesmal waren es die Schweden, die 1638 nach Prag zogen und 1639, wahrscheinlich auf dem Rückzug, in das Gebiet einfielen. Sie hausten auf die bekannte Weise. Nach der Plünderung gingen Pochmühlen, Schmelzhütten und viele unter so großen Anstrengungen wiedererrichtete Häuser in Flammen auf.

Der Krieg hatte das ganze Land verheert und dem Grenzland großen Schaden zugefügt. Wie noch so oft bei späteren Auseinandersetzungen wurde dem Erzgebirge seine geographische Lage zum Verhängnis. Eng an Böhmens Grenze gelegen war es dem Entstehungsland der Wirren nahe, und zur sächsischen Seite hin lag es in den Angriffslinien der Kriegsgegner, die in diesem Falle die Schweden waren.

Doch endlich ging auch dieser lange schreckliche Krieg zu Ende. In dem ausgeplünderten menschenleeren Land gab es Orte, die nur noch ein Viertel, ja ein Zehntel ihrer vormaligen Einwohnerzahlen aufwiesen. Und es gab Dorfgemeinschaften, die nur eine Kuh oder ein Pferd zur Versorgung und als Arbeitskraft besaßen. 1648 wurde der Westfälische Frieden geschlossen. Ein 30jähriges Ringen war beendet.

Die Kriegsschäden wurden in Sachsen verhältnismäßig rasch überwunden, und es konnte seinen wirtschaftlichen Vorsprung, den es im 15. und 16 Jahrhundert gegenüber den anderen deutschen Ländern erworben hatte, weiter festigen.

Die Bergbrüche

In den Altenberger Lagerstätten gab es bis zu 420 Gruben oder Zechen, die ein Schürfrecht erworben hatten. Die meisten davon lagen am „Neufang" und am „schwarzen Stein", der heutigen „Pinge". Die Bezeichnung Neufang besagt, daß dort die zuletzt entdeckte Fundgrube lag. Die Arbeit aller dort arbeitenden Häuer beaufsichtigte und koordinierte die Bergaufsicht. Trotzdem kam es 1556 zu einem Bergbruch. Dabei wurde das Eigentum von 100 Zechen durcheinandergeworfen und verschüttet. Die betroffenen, am „schwarzen Stein" gelegenen Zechen, schlossen sich 1564 zu einem Bunde unter dem Namen „Zwitterstock" zusammen. Dadurch wurden die weiteren dort gelegenen 33 Zechen gezwungen ebenfalls diesem Bunde beizutreten. Dieser Gemeinschaft wurde, auf ein Gesuch hin, vom Kurfürsten das Schmelzrecht zugesprochen. Bis dahin hatte allein Geising dieses Privileg. Nun wurde dem Ort die Genehmigung entzogen und seine 15 Hütten mußten sich einen anderen Erwerb suchen. Das war für die Betroffenen eine große Härte. Vielleicht ist der späterhin noch manchmal spürbare Groll zwischen Geisinger und Altenberger Bürgern auf diesen Entscheid zurückzuführen.

1620 erfolgte der zweite, der große Bruch. Das Ausmaß sehen wir noch heute, wenn wir am Rande der Pinge stehen. (Pinge ist die Bezeichnung für einen eingestürzten Stollenbereich, also für den von außen sichtbaren Trichter.) Man glaubte damals an ein Erdbeben, so heftig war die Erschütterung. Einige Häuser wurden mit in die Tiefe gerissen, andere stürzten in sich zusammen. Der Altenberger Pfarrer hielt das Geschehen im Kirchenbuch fest und schrieb: „Heute morgen zwischen 4 und 5 Uhr ist der große und schreckliche Bruch im Bergwerk geschehen. 20 Arbeiter konnten sich auf den Schacht „Erasmus" retten und sind von dort unbeschadet zu Tage gebracht worden. Weitere 4 Arbeiter hat man nach 4 Tagen in einem Brennort lebend vorgefunden; auch sie konnten geborgen werden. Nur der Steiger Eichler wurde nicht gefunden, da niemand wußte, wo er verschüttet worden war. Obwohl der Einbruch 84 m tief war, konnten die Schächte am Rande der Pinge noch weiter benutzt werden. Die Arbeit im Bergbau ging also trotz des Unglücks weiter. Für die eingestürzten Häuser wurden oberhalb der Pinge neue errichtet. Dieses Gebiet ist die heutige Neustadt.

Leider sollten sich solche Einstürze noch dreimal wiederholen. Im Jahre 1829 erfolgte ein kleinerer Bruch. Aber zwischen 1840 bis 1860 kam es zu mehreren umfangreichen Brüchen, die die Pinge weiter vergrößerten. Etwa 100 Häuser kamen dabei zu Schaden, die anschließend abgetragen werden mußten. Nur vier von ihnen wurden an anderer Stelle des Ortes wieder erbaut. Die übrigen

Die Pinge nach einer alten Vorlage gezeichnet

Grundstückseigner nahmen ihren Schadensersatz und zogen wegen besserer Verdienstmöglichkeiten in die nahe Großstadt.

Die Pinge umfaßte nun bei 90 m Tiefe eine Fläche von 2,5 Hektar. An ihren 30 m hohen Steilwänden blieben die Öffnungen der alten Schächte und Gänge bis in die Neuzeit noch gut erkennbar.

Kobalt

Der Beginn des Abbaues von Kobalt geht auf das Jahr 1520 in Schneeberg zurück. Die Entdeckung kam gerade zur rechten Zeit, denn überall im Gebirge ging die Zahl der Fundstellen zurück. Deshalb bot die Kobaltgewinnung für das Westerzgebirge in beschränktem Umfange Ersatz für verlorengehende Erträge.

Fand der Bergmann vor 1520 statt des erhofften Silbers oder Zinns nur Kobalt, so war er darüber wenig erfreut. Seine künftige Bedeutung und Verwendbarkeit waren noch unbekannt. Das Mineral erhielt seinen Namen vom neckischen Berggeist „Kobalus", von dem man sich häufig in die Irre geführt glaubte. So auch bei den Funden von Kobalt. Das Erz landete auf den Abraumhalden, sein Nutzen für die Blaufarbenherstellung sollte erst später erkannt werden. Doch dann wurde seine herrliche Blaufarbe bei der Veredlung von keramischen Erzeugnissen und bei der Glasverarbeitung verwendet. Die Hauptabnehmer dafür waren Holland und Venedig, die einen guten Preis zahlten. Nachdem in Meißen mit der Porzellanherstellung begonnen worden war, bevorzugte man auch dort die Blaufarbe. Später entwickelte sich eine eigenständige Blaufarbenindustrie, deren Waschblau bei der Textilveredlung Verwendung fand. Schließlich konnte sich der Blaufarbenhandel vom Erzgebirge aus über Norddeutschland bis nach Amerika behaupten.

Aus der Sagenwelt des Bergmannes

Wie der Bauer, so ist auch der Bergmann an die Erde gebunden. Aber nur er allein bleibt dem Berg und seinen ungezügelten Elementen ausgeliefert. Nahezu hilflos trafen ihn in der Vergangenheit einstürzende Stollen, schlagende Wetter oder die schleichende Zersetzung seiner Lungen durch Erzstaub und Rauch. Diese allgegenwärtigen Gefahren vor Augen, wendeten sich die Bergleute seit alters her mit der Bitte um Schonung an eine höhere Macht. Deshalb wurde vor jeder Einfahrt zur Schicht und nach erfolgreicher Beendigung derselben ein gemeinsames Gebet gesprochen. Der Glaube an Gott begleitete den Bergmannsstand durch die Jahrhunderte bis in die Neuzeit. Aber auch allerlei gute und böse Geister bevölkerten die Vorstellungswelt der Knappen. Darunter gab es solche, die ihnen helfend zur Seite standen und andere, die sie verwirrten oder gar ins Unheil trieben. Einige Beispiele von derartigen Berichten und Begebenheiten schließen sich an. Die erste Geschichte erzählt vom Umgang mit dem Berggeist und ist bei G. Heifurth entnommen:

„In der Grube will der Berggeist nur als Bergmann behandelt werden und nichts kann ihn mehr ärgern, als wenn einer der Knappen achtlos an ihn vorübergeht. Oft steht er still in seinem Stollen, läßt die Bergleute an sich vorüberziehen und freut sich, wenn sie ihm „Glück auf" zurufen. Wehe aber dem, der den Gruß unterläßt - dann dehnt sich der Berggeist und wird so breit, daß er den ganzen Stollen abschließt und der Unglückliche darin ersticken muß.

Fährt einer der Schipper mit dem vollen „Hund" (der Lore) an dem Berggeist vorbei, braucht er ihm nur ein keckes „Ausweichen" entgegenrufen und tatsächlich tritt dann der Angerufene jedesmal zur Seite. Wer aber mit leeren Karren an ihn vorbeifährt, muß ihm Platz machen und aus dem Weg gehen."

Die nächste Sage erzählt vom Abzug des Berggeistes. Beide Erzählungen sind aus der Sammlung von G. Heilfurth entnommen.

„Vor Jahrhunderten hatten die Bergleute den im Bärensteiner Gemeindewald wohnenden Berggeist durch ihr gottloses Leben erzürnt. Eines Tages sah nun ein Mann den Berggeist mit einer Karre vom Gemeindewald nach Altenberg fahren; auf die Frage, was er vorhabe, antwortete der Berggeist: „In Bärenstein gefällt mir's nicht mehr, ich gehe nach Altenberg und breite dort meine Schätze aus."

Eine Erzählung, die uns von Vorzeichen bei Unfällen berichtet, finden wir ebenfalls bei G. Heilfurth.

„Den 9.8. fiel Andreas Behr, ein lediger Bergbursche, aufm Creutz ein Gesenk hinein, als er abends zum Anstoßen hineingefahren, und wurde allererst frühe darinnen todt gefunden. Merkwürdig ist, daß solchen Todesfall Gottfried Behr aus Neugeising auf der Bank liegend mit den Worten: „Du, er ist schon tot!" erfahren haben soll, ohne zu wissen, was für ein Geist ihm diese Nachricht hinterbracht habe."

Im 15. und 16. Jahrhundert begegnet uns in allen bergbautreibenden Ländern ein fremder Geselle, es ist der „Venetiger", der auch als Erzmännchen oder Wahl bezeichnet wird. Den Sagen nach verbirgt er sich in vielfältiger Gestalt, um unerkannt fündig zu werden und den Reichtum des Nordens in seine Heimat Venedig zu bringen. Den Einheimischen erscheint er listig und von Geheimnissen umgeben, weshalb er von ihnen beargwöhnt wird. Die Venediger verfügten über große Erfahrungen bei der Gewinnung von Gold und Granatsteinen, die sie aus dem Sandboden der Flüsse nördlich ihrer Heimat wuschen. Sehr früh schon hat Venedig mit Erzen aus Sachsen gehandelt und glänzend daran verdient. Das daraus erwachsene Mißtrauen der einheimischen Bevölkerung mag die Ursache gewesen sein, daß sich zahlreiche Legenden um den „Venetiger" gebildet haben.

Bei dem Chronisten Christian Lehmann findet sich in seinem 1760 erschienenen Buch „Die Wahlen" eine Fundsage, die im hier besprochenem Raum spielt und „Das goldene Lamm" betitelt ist. Aus diesem Buch zitiere ich nach Rudolf Schramm „Venetianersagen".

„Im Dorf Fürstenwalde lebte vor langer Zeit ein armer Häusler namens Bär, bei dem seit vielen Jahren ein Fremder, angeblich ein Italiener, einkehrte, sich mehrere Wochen aufhielt und in dem Flußbett der Müglitz und im Schlottwitzgrund edle Steine suchte. Er machte stets reiche Ausbeute und bezahlte seinen Quartierwirt reichlich.

Als der Venetianer einmal abreiste, bekannte er seinem Wirt, er werde nicht mehr zurückkommen, und lud seinen Gastgeber ein, ihn in seiner Heimat einmal zu besuchen. Nach länger als einem Jahr erhielt Bär von seinem früheren Gast eine Einladung nach Teplitz, wo er sich bei der Post melden sollte. Für eine Weiterreise wäre dort gesorgt.

Bär machte sich auf den Weg, fand alles wie mitgeteilt und gelangte in die Stadt seines Freundes. Da er aber der dortigen Sprache nicht mächtig war, hatte er große Mühe, Straße und Haus seines Gastgebers zu finden. Er fand es erst nach langem Suchen, aber weit größer und prächtiger, als er sich gedacht hatte.

Wegen seiner schlechten und abgetragenen Kleidung wurde er von einem Bedienten aus dem Hause gewiesen, weil man ihn für einen Bettler hielt. Ratlos und enttäuscht darüber, hörte er auf einmal eine bekannte Stimme rufen: „Vater Bär,bist Du es?" und gleich darauf erschien zu seiner großen Freude sein alter Freund.

Viele Tage genoß der arme Mann aus dem Sachsenlande die Gastfreundschaft seines reichen Gastgebers. Aber trotz vieler Wohltaten und bester Bewirtung fühlte sich der biedere Sachse bei all der Pracht und Herrlichkeit, die ihn umgab, nicht wohl. Als das sein Freund merkte, führte er ihn beim Abschied in ein Kabinett, das seine reichen Schätze barg, und forderte ihn auf, unter den vielen dort ausgestellten Figuren aus reinem Gold sich eine auszuwählen und als Andenken mitzunehmen.

All die kunstvoll gearbeiteten Tierfiguren, versicherte er ihm, seien aus den Goldkörnern geschmolzen und gegossen, die er in Bärs heimatlichen Gewässern gesammelt habe. Mit einem Lamm aus purem Gold und einer Summe Geldes, die ihm sein reicher Freund noch aufdrängen mußte, kehrte er wieder heim.

Die Kunde von dem kostbaren Geschenk gelangte bald zu Ohren des damaligen Herrn von Lauenstein und durch diesen wieder an den Kurfürsten in Dresden. Sein Landesherr überredete Bär, das kunstreich gearbeitete Stück gegen Gewährung einer kleinen jährlichen Leibrente an ihn abzutreten. Es kam in die kurfürstliche Kunstkammer, wo es verloren ging."

Kurrende

Pfarrer aus dem Bergmannsstand

In Sachsen war man früh bestrebt, die Jugend des Landes durch Schulen in ihrer Ausbildung zu fördern. Auch begabte Bergmannssöhne erhielten die Möglichkeit eines beruflichen Aufstieges. In enger Verbundenheit zu ihrem Stand wurden sie Hüttenmeister und Bergbeamte, andere wählten den Beruf des Pfarrers. Einige von ihnen sollen in ihrem Werdegang kurz vorgestellt werden.

1641 wurde Christoph Grundig in einer Zinnwalder Bergmannsfamilie geboren, und nach 1687 betreute er die Bewohner von Geising als Pfarrer.

Ein wechselvolles Schicksal hatte Kasper Stahl aus Schneeberg. Bereits 1520 wirkte er in einem Pfarramt in Eibenstock. Er ignorierte das Zölibat, die Kirche enthob ihn seines Amtes und so wurde er Bergmann. Nach dem Anschluß an die Reformation fand er 1533 wieder einen Platz als Pfarrer in Ebersbrunn.

Der dramatische Lebenslauf von Wolfgang Uhle, der als Pestpfarrer in Annaberg wirkte, soll an dieser Stelle nicht vergessen werden. Wenn auch kein Kind aus dem Bergmannsstand, so war er doch ein Sohn des Gebirges. Sein Tagebuch „Der Pestpfarrer von Annaberg", das Gertrud Busch neu bearbeitet hat, sei jedem empfohlen, der aus authentischer Quelle etwas über diese Zeit erfahren möchte.

Etwa in diesen Jahren wurde der Thumer Bergmannssohn, Johann Meiner, Pfarrer in seiner Heimat.

Ein Annaberger Bergmannskind war Siegmund Scherner, der als Pfarrer nach Böhmen ging, das er später als Exulant wieder verlassen mußte. Danach arbeitete er als Superindendent in Lüneburg.

Kein Bergmanns- sondern ein Pfarrerssohn aus Altenberg, Basilius Köhler, leitete von 1586 bis 1589 die Kreuzschule in Dresden. Damit ging er als Pfarrer einen etwas abweichenden Weg. In der Zeit seiner Leitung führte der Kreuzchor die berümtesten Chorwerke auf. Verwickelt in damalige Glaubenskämpfe mußte er vermutlich aus diesem Grund Dresden sehr bald wieder verlassen.

In diesem Zusammenhang sei noch auf die Herkunft von Martin Luther hingewiesen, der ebenfalls ein Bergmannssohn war, wenn auch nicht aus dem Erzgebirge. Um ihn bildete sich eine Sage, die zwischen Luther und Altenberger Bergleuten spielt. Sie wird vom Chronisten Meißner erzählt und trägt den Titel „Dr. Luther vergilt einem Bergmann zu Altenberg Böses mit Gutem."

Im Jahre 1522 haben einige Leute in Altenberg ein hölzernes Bild, das wie Luther angezogen war, gemacht und dieses vor ein fingiertes Gericht geführt. Es wegen Ketzerei verklagt und verurteilt und dann mit großem Geschrei und Lärm auf den Geisingberg geführt. Nachdem ein Bergmann über dem Bild den Stab gebrochen und das Urteil gesprochen hatte wurde es verbrannt. Zwanzig Jahre später kommen zwei Bürger aus Altenberg zu Luther nach Wittenberg und bringen ihm einen schönen Stein von rotglühenden Erz. Luther bittet sie darauf zu Tisch. Da sagt der eine, sein Kamerad habe sich einst schwer an ihm versündigt, indem er sein Bild dem Feuer übergeben habe. Später habe er die Wahrheit erkannt und bitte nun um Gnade und Verzeihung. Luther gefällt die Rede und er antwortet; weil dieses Feuer ihm und seiner Lehre nichts geschadet, solle es ihm im Namen des Herrn vergeben sein. Darauf dankt der Absolvierte, bittet um eine weitere Vergebung seiner Schuld und spricht: „Ich armer Bergmann habe mich bei der Zeche verpufft (verschuldet) und bin an die 500 Gulden schuldig." Luther antwortet: „Wenn Ihr Bergleute am ärmsten seid, blüht Euer Glück, denn dann haltet Ihr an und seht selbst nach Euren Zechen. Die Not lehrt Euch beten, zur Kirche gehen, nüchtern und mäßig sein. Deshalb wißt Ihr nicht wie reich Ihr nun seid. Geht heim, arbeitet, handelt redlich, glaubt und hofft auf den Allmächtigen. Er läßt immer Erz wachsen und gibt zur rechten Zeit denen, die in ihren Zechen aushalten und beten. Ich absolviere Euch von Eurer Schuld, Gott wird mit Euch sein.

Bevor der Bergmann wieder zu Hause ist, erhält er Botschaft, daß in seiner Zeche gute Erze gefunden wurden. Er begleicht nun seine Schulden und hat noch einen Gewinn für sich (Der Text wurde gekürzt).

Köhler, der diese Sage nacherzählt hat, weist auf „die oft wiederkehrende Ausdeutung der Macht und Gnade Gottes zu Nutzen persönlicher materieller Vorteile" hin.

Bevölkerungszahlen

In den vergangenen Jahrhunderten wurden die Ehen früher geschlossen als heute. Durch hohe Geburtenzahlen nahm das Wachstum der Bevölkerung ständig zu. Obwohl frühe Sterblichkeit, insbesondere Kindersterblichkeit, verbreitet war. Dieses Wachstum wurde mit Beginn der epidemischen Seuchen, etwa um 1300 gebrochen. Pest, Ruhr, Cholera und weitere Krankheiten, auf die schon eingegangen wurde, forderten große Opfer. Dadurch kam es zu einem Bevölkerungsrückgang, der bis Ende des 14. Jahrhunderts mit 20 - 50 Prozent angenommen wird.

Das blieb für die Sozial- und Wirtschaftsentwicklung des Erzgebirges, aber auch für die des gesamten Landes, nicht ohne Auswirkungen. Denn das geförderte Erz traf auf eine im ganzen Land geschwächte, dezimierte Abnehmerschaft. Der Bedarf an Gütern aller Art sank, das bedeutete Absatzschwierigkeiten und für Jahre wirtschaftliche Not.

Trotz der allgemeinen Wachstumsschwäche stiegen im Erzgebirge jedoch die Einwohnerzahlen weiter an. Der Zustrom immer neuer Menschen, die sich von den reichen Erzfunden locken ließen, sorgte hier für den Ausgleich. Daran zeigt sich, wie es auch bei einer allgemein eindeutigen Situation zu gegenläufigen Bewegungen kommt und wie schwer es dann wird, später klare Aussagen über eine Lage zu machen.

Nach den schweren Menschenverlusten erholten sich die Bevölkerungszahlen nur langsam. Sie blieben bis ca. 1480 konstant, erst zwischen 1500 - 1600 nahm ihre Zahl wieder schneller zu. Nach Schätzungen gab es jetzt in ganz Europa etwa 90 Millionen Einwohner. Doch der 30jährige Krieg und weitere epidemische Katastrophen reduzierten erneut die Bevölkerungsdichte. Deshalb wurden Kinder, noch mehr als vor 1618, als großer Segen betrachtet. Sie waren von den Eltern ersehnt und vom Fürsten erwünscht. In einzelnen Fällen wurde Kinderreichtum vom Herrscher materiell unterstützt.

Wie weit solche Förderung gehen konnte, zeigt die Lebensgeschichte des kurfürstlichen Oberhofjägermeisters Loths von Bomsdorff, der mit seiner Frau 29 lebende Kinder hatte. Dieser vielfachen Mutter versprach Kurfürst Johann Georg einen Rittersitz im Wert von 30.000 Talern, wenn sie ein weiteres Kind lebend zur Welt bringen würde. Bei der nachfolgenden Geburt verstarben aber Mutter und Kind.

Erst um 1760 konnten die schon einmal vorhandenen Kopfzahlen wieder erreicht werden. Die Ursachen für das nun einsetzende rapide Bevölkerungswachstum im 18. und 19. Jahrhundert waren verbesserte Lebensbedingungen. Kam es zu Mißernten und damit zu Hungersnöten, was häufig der Fall war, so hatte man inzwischen gelernt, solche Übelstände besser in den Griff zu bekommen. Durch veränderte Anbaumethoden wurde die Ernährung vielseitiger. Auch in der Medizin erwarb man neue Erkenntnisse, die bei den Kranken erfolgreicher angewendet werden konnten. Bekleidung, Wohnung und Hygiene verbesserten sich, das bedeutete größere Überlebenschancen und Verringerung der Kindersterblichkeit.

Da Zahlenangaben speziell für das Erzgebirge für mich nicht erreichbar sind komme ich zum Vergleich noch einmal auf ganz Europa zurück. 1800 zählte Europa 187 Millionen Einwohner, damit hatte sich ihre Zahl von vor dem 30jährigen Krieg mehr als verdoppelt. Nur 100 Jahre später waren die Europäer bereits auf 401 Millionen angewachsen.

Seit 1819 sperrte Preußen durch Zölle die bis dahin für Sachsen offenstehenden Märkte. Dadurch verlor ein großer Teil der heimischen Industrie seine angestammten Absatzgebiete. Erst nach langwierigen Verhandlungen fanden sich 1834 die deutschen Länder in einem gemeinsamen Zollverein zusammen. Nun wurden innerhalb Deutschlands alle Zollschranken niedergelegt, was Handel und Industrie neue Möglichkeiten für den Absatz ihrer Produkte eröffnete. Mit Einführung der Gewerbefreiheit von 1861 war der Weg für eine weitere gewerbliche Entfaltung bereitet. Durch diese Vereinheitlichungen spielte es nun keine so große Rolle mehr in welchem Landesteil produziert wurde. Das gleiche galt für den Wohnsitz des Bürgers, denn die Arbeitsbedingungen und der Lohn konnten nun besser angeglichen werden.

Unter der weiter zunehmenden Industrialisierung wuchsen die Bevölkerungszahlen rasch an. 1816 hatte Sachsen 1.193.000 Einwohner. Diese Zahl vergrößerte sich bis zum Jahre 1875 auf 2.760.000. Nach weiteren 50 Jahren erreichte die Bevölkerungsdichte 33 Personen pro qm. Damit hatte Sachsen, von den Stadtstaaten abgesehen, die höchste Bevölkerungsdichte in Europa. Ganz anders verlief die Entwicklung in dem Teil des bergbauabhängigen Erzgebirges. Zum Beispiel lebten in Altenberg im 16. und zu Beginn des 17. Jahrhunderts zwischen 5 - 6.000 Einwohner, deren Zahl bis um 1900 auf ganze 1.800 zurückging.

Die Böhmischen Brüder

Wieder müssen wir nach Südosten, nach Prag blicken, um einer historischen Entwicklung zu gedenken, durch deren Folgen das Erzgebirge viele kulturelle Impulse erhielt. Es war der Zustrom zahlreicher handwerksbegabter und reformfreudiger Menschen, die neben anderen sächsischen Gebieten das Erzgebirge zu ihrer neuen Heimat erwählten.

Peter von Chelèirky gründete 1440 die Unität der Böhmischen Brüder, deren Nachfahren wir noch heute in der Herrnhuter Brüdergemeine wiederfinden. Ihr Anliegen war Unabhängigkeit vom Katholizismus wie von den Hussiten. Die Verwerfung von Krieg und die Weigerung, den Eid für den Staatsdienst zu leisten. Sie waren bestrebt nach der Bergpredigt zu leben. Seit Jahrzehnten war der Widerwille gegen die Kirche Roms gewachsen, insbesondere gegen die Ablaßpraxis, lateinisch gehaltene Gottesdienste und den Zölibat. Durch diesen weitverbreiteten Unwillen war eine Bewegung entstanden, die über Jahre einer gut gerüsteten, machtvollen Welt trotzen sollte. Deshalb erregte auch das Auftreten Luthers bei ihnen große Beachtung. Die von Lukas von Prag als bischöfliche Kirche geführte Unität war also den Lutheranern und Reformierten freundlich gesonnen.

Bereits 1609 hatte der in Prag residierende Kaiser Rudolf seinen Untertanen freie Religionsausübung zugesichert. So kam es dazu, daß vor dem 30jährigen Krieg 9/10 der böhmischen Bevölkerung evangelisch war. Diese Tatsache wirkt aus heutiger Sicht überraschend. Der machtvolle Klerus wollte sich damit nicht abfinden. So kam es seitens der Kirchenvertreter zu Übergriffen, zur Zerstörung von Gotteshäusern und zu allerlei Drangsal für die Rom gegenüber Ungehorsamen. Das wieder löste einen Aufstand aus, an dessen Ende die Loslösung Prags von Habsburg stand. Damit kam es zur Einsetzung eines selbständigen böhmischen Königs. Es war Friedrich von der Pfalz (1596 - 1632).

Die Religionsbedrückung, denen die Böhmischen Brüder ausgesetzt waren, verstärkte sich in der Gegenreformation. Obwohl diese Verfolgungen in Böhmen hart und beklagenswert waren, blieben sie doch weniger grausam als die spanische Inquisition, auch weniger grausam als die Bartholomäusnacht, die die Hugenotten zu erdulden hatten, die Drangsal, die die Wiclifiten in England erlitten oder die Not der Presbyterianer in Schottland.

Im 17. Jahrhundert wanderten die Böhmischen Brüder unter dem Druck der katholischen Obrigkeit nach Preußen, Polen und Sachsen aus. Sie zogen meist in größeren Gruppen und blieben über Generationen zusammen. Zahlreiche einzelne Familien und Einzelpersonen kamen in das Erzgebirge. Hier ist ihre Herkunft noch heute durch Eigennamen oder andere hinterlassene Spuren zu belegen. Für das Land Böhmen bedeutete der Auszug einen großen Aderlaß und für das Land, in dem sie Aufnahme fanden, einen Gewinn.

Aus Altenberg weiß man von der Ankunft Prager Exulanten aus dem Jahre 1611. Unter ihnen befand sich der damals sehr bekannte Geistliche Samuel Martini, der später nach Pirna umsiedelte. Daß viele von ihnen in das Erzgebirge gingen hatte seinen Grund in der geographischen Nähe des Landes zu Böhmen und auch darin, daß es schon seit etwa 100 Jahren fest auf dem Boden der Reformation stand. Der erste evangelische Pfarrer in Altenberg war Balthasar Fhramm, der 1539 die Gemeinde übernahm. 1854 entdeckte man ein Stammbuch, in dem zu lesen war, daß am 29.1.1622 vier Geistliche aus Prag nach Altenberg flüchteten. In Pirna lebte ein Exulant, David Wangenheim, der über diesen Personenkreis berichtet hat. Dabei fand sich eine Inschrift von einem älteren Exulanten, Wenzel von Stampach, der aus einer begüterten Familie kam. Dieser zeichnete sein Wappen ein und schrieb: „Gleich als ich meines Alters war 61 Jahre, weil ich hab Gottes Wort geliebt und mich in seiner Lehr geübt, der evangelischen Wahrheit klar, solche bekennt offenbar, hat mich unschuldig vertrieben aus Böhmen meinem Vaterland und ein Ketzer gleich genannt und nahm all mein Hab und Gut. Doch trug ich unverzagten Mut. Ich weiß, daß mein Herr Jesu Christ für mich mein Heiland worden ist. Er wird, als wahrer Gottessohn, mir dafür geben himmlischen Lohn. Wenn ich ihn hab, so hab ich wohl, was mich ewig freuen soll." Dann empfielt er sich dem christlichen Gebet seines treuen Seelsorgers Wangenheim.

Aus diesem Text spüren wir noch etwas von dem großen Gottvertrauen, von der Zuversicht auf ein himmlisches Reich.

In Geising siedelten sich ebenfalls viele Vertriebene an. Dabei finden sich die Namen der Geistlichen: Andreas Portenwäntig, Heinrich Roth, Michael Longelius, Johann Beck, Johann Bockens und Jacob Hessel. Nach Lauenstein kam eine Familie Neumann aus Teplitz. Diese brachte einen Knaben mit, der später Pfarrer in Fürstenwalde wurde. Viele der Exulanten flüchteten nach Annaberg. Sie wählten diese Stadt, weil es bei ihnen lange Tradition war, ihre Söhne auf Annaberger Schulen ausbilden zu lassen. So war ihnen der Ort lange vor ihrer Vertreibung bekannt und möglicherweise hatten sie als Knaben ihre eigene Schulzeit dort verbracht.

Bei den Aufzeichnungen über die Böhmischen Brüder fand ich die Geistlichen immer namentlich genannt und oft ihre Talente oder menschlichen Qualitäten hervorgehoben, während die anderen Stände ganz pauschal abgehandelt wurden. Gewiß haben sich unter den Handwerkern, Bergleuten und Bauern ebenso tüchtige und begabte Personen befunden. An diesem Standesdenken hat sich jedoch bis heute nicht viel geändert, lediglich wird die eine Autorität durch eine andere ersetzt.

Die Übersiedlung hielt weit über zwei Generationen hindurch an. Daraus ergaben sich für die sächsische Regierung schwierige rechtliche Fragen. Durch

Aufnahme und Duldung von Personen, die der böhmischen Regierung oder ihren Fürsten gegenüber militärpflichtig, steuerpflichtig oder anderweitig verpflichtet waren, konnte es zu diplomatischen oder kriegerischen Verwicklungen kommen. Es gab auch Fälle, in denen Väter ihre unversorgten Familien zurückließen. Das alles barg Risiken in einer Zeit, in der jedes Land auf Vermehrung seiner Untertanen bedacht war. Leider hemmte in gewisser Weise das katholische Herrscherhaus die Förderung der Zugezogenen. Sie erhielten in Sachsen nicht die großzügige Unterstützung wie in Brandenburg / Preußen. Dort wurde den „Refugies" - Hugenotten und anderen religiösen Gruppierungen - durch die Weitsicht und Toleranz des Großen Kurfürsten und später durch den König von Preußen umfassende Hilfen zuteil. Damit ging eine schnellere wirtschaftliche und kulturelle Entfaltung einher als sie in Sachsen gelang.

Wie bei allen großräumig verlaufenden Bevölkerungsumschichtungen kam es zu manchem Mißbrauch des gewährten Asyls. Unter die wegen ihres Glaubens Verfolgten mischten sich straffällig gewordene Elemente, denen aus ganz anderen Gründen der Boden zu heiß geworden war. In solchen Fällen wechselte die Einstellung der Einheimischen von der bisherigen Milde zu Vorsicht und Argwohn.

Die Bergleute unter den Böhmischen Brüdern waren als Facharbeiter für ihr Land schwer zu entbehren. Deshalb blieben sie zunächst von der Vertreibung verschont. Sie fühlten sich wohl auch einigermaßen sicher und, durch die Schonung verwöhnt, fügten sie sich nicht der Obrigkeit. Doch eines Tages war es auch um ihr Verbleiben geschehen. Mit als Letzte wurden sie nun aus den Herrschaftsbereichen Teplitz und Bilin, die den Familien von Clary und von Lobkowitz gehörten, verjagt.

Als die Bergleute aus böhmisch Zinnwald vertrieben wurden, glückte einem von ihnen ein rechtes Husarenstück. Er setzte sein einfaches Holzhaus auf Rollen und schob es bei Nacht von böhmisch Zinnwald nach sächsisch Zinnwald über die rettende Grenze. Erfreut über das Gelingen schrieb er dann auf die Giebelseite des Hauses: „Ich bin auf deutschem Boden - gottlob - weil mich mein Wirt, Hans Hirsch hinüberschob."

Als Kind wurde mir von meinen Eltern immer wieder von dieser Inschrift erzählt, jedoch erinnere ich mich nicht, das Haus je gesehen zu haben. Der historische Hintergrund blieb mir damals noch verborgen.

Die Gesamtzahl der Exulanten wird mit etwa 150.000 angenommen. Der Hauptteil von ihnen ging nach Herrnhut in der Oberlausitz. Dort gründeten sie unter der Führung des pietistischen Geistlichen Graf Zinzendorf (1700 - 1760) 1722 eine neue Unität. Als Herrnhuter Brüdergemeine sind sie uns bis heute bekannt. Die Choräle des Grafen Zinzendorf sind bis zur Gegenwart in die Gesangbücher der evangelischen Kirche aufgenommen.

Abschließend soll noch ein Danklied der Exulanten von 1737 angeführt werden:

„Ein Volk, das sonst im finstern saß mit Irrtum ganz umgeben; das findet hier nun sein Gelaß und kann in Frieden leben. Das Wort, das ward ihm sonst verwehrt, wird ihm nun frei und rein gelehrt durch Zeugen dieser Gnade. Hierzu hat unsres Gottes Hand des Königs Herz geneigt, daß er dem Volk in seinem Land so viel Huld erzeigt. Es kann nach Druck und vieler Pein an Seel und Leib versorget sein aus unverdienter Gnade."

Gesetzliche Regelungen für Heimindustrie und Landwirtschaft

Das menschenarme Land und die Arbeitsweise in Landwirtschaft und Handwerk, die noch wenig Hilfsmittel bei der Ausübung ihrer Tätigkeiten kannten, litt im beginnenden 15. Jahrhundert unter ständigem Mangel an Arbeitskräften. Das Überleben konnte nur durch den körperlichen Leistungseinsatz von Mensch und Tier gesichert werden. Um diesen Ablauf zu garantieren, mußte dafür gesorgt sein, daß nicht der Vorteil des einzelnen, sondern das Wohl aller Berücksichtigung fand. Das erforderte gesetzliche Bestimmungen seitens der Obrigkeit.

Seit 1452 gab es eine sächsisch-thüringische Landesverordnung, die im Freiberger Stadtrecht festgehalten ist. Sie regelte die Beziehungen zwischen Dienstherrn und Gesinde, also Arbeitskräften, die vorwiegend in der Landwirtschaft Beschäftigung fanden. Das Hauptanliegen dabei war, die Leute, die meist Wanderarbeiter waren, bei Bedarf und zur rechten Zeit an ihrem Arbeitsplatz zu halten. Deshalb standen Strafen auf Abwerbung, Abwanderung, wie auf deren Begünstigung. Sonst wäre wohl oftmals die Ernte auf den Feldern geblieben. Als sich nach 1600 die Heimarbeit (Hausindustrie) durchsetzte, verschärfte sich die Lage in der Landwirtschaft nochmals. In einer Beschwerdeschrift der Stände wird geschildert, wie Bortenhändler, Zwirnhändler und Schotten durch das Land zogen und beim Bauern Knechte und Mägde abwarben. (Die verkürzte Bezeichnung „Schotten" ist darauf zurückzuführen, daß Händler aus Schottland in größerer Zahl im Erzgebirge erschienen, hier Waren aufkauften, und diese dann im Ausland vertrieben.) Die Verleger (Zwischenhändler) waren nicht gut auf sie zu sprechen, da sie direkt von den Arbeiterinnen und Arbeitern kauften und so deren Lohn förderten und vor allem den eigenen Gewinn schmälerten. Das Gesinde nahm keinen Dienst mehr an, sondern wendete sich der leichteren Arbeit wie dem Klöppeln, Zwirnen, Wirken und Spinnen zu, außerdem war der dafür gebotene Lohn wesentlich höher als in der Landarbeit. Viele dieser Lohnarbeiter mieteten sich bei ihren ehemaligen Dienstherren ein und es wird berichtet, daß diese Hausgenossen oft eine größere Barschaft besäßen als bei den Bauern zu finden sei.

Robert Wuttke zitiert aus „Gesindeordnung und Gesindezwangsdienst in Sachsen bis zum Jahre 1835" wie folgt: „Der Regierung war vor den Landtagsverhandlungen von 1609 und 1612 der Zusammenhang, welcher zwischen der Ausbreitung der Hausindustrie auf dem Lande und dem Gesindemangel bestand, nicht entgangen. Sie erließ schon 1608 an die Amtshauptleute im erzgebirgischen Kreise den Befehl, das Spitzenklöppeln zu verbieten, weil die Hauswirte an Gesinde und Tagelöhnern großen Mangel spüren. Wer irgend körperlich diensttüchtig wäre, dem sollte das Klöppeln untersagt werden; wem es gestattet werde, der sollte in das Amt ein Schutzgeld - jährlich 6 Groschen für eine Person oder 2 Groschen 6 Pfennig St. Zwirn (Stern?) zahlen."

Doch gesetzliche Regelungen für die Landwirtschaft konnten allein den Trend nicht aufhalten und so wurde diese Heimarbeit trotzdem zu einer Grundlage für das sich entwickelnde Industriegewerbe, das im Westerzgebirge eine größere Verbreitung fand als im Osterzgebirge. Um 1850 wird die Zahl der klöppelnden Frauen und Männer mit 40.000 angenommen, wobei der weibliche Teil der Beschäftigten überwog. Seit dem 18. Jahrhundert gab es Klöppelschulen und bis zum Ende des 19. Jahrhundert bestanden im westlichen Erzgebirge noch 34 solche Einrichtungen, die als Tages- oder Abendschulen besucht wurden.

Bedingt durch Höhenlage und Klima blieb der Landbau im Erzgebirge zweitrangig und in seiner wirtschaftlichen Bedeutung hinter dem Bergbau zurück. Dadurch kam es selten zur Gründung von größeren Höfen oder Rittergütern. Das hatte für den selbständigen Bauern wie für die in der Landwirtschaft abhängig Arbeitenden seinen Vorteil. Sie erfuhren hier nicht diese Verelendung, wie sie in anderen ländlichen Gebieten üblich war. Doch hatte auch der Gebirgsbauer seine Lasten zu tragen. Als Leistungen an die Landesfürsten (regierende Fürsten) fielen die Abgaben: Heiratszins, Sterbefallabgabe, Gerichtsabgabe und andere. Die Leistungen für den Grundherren (Lehnsherren, Rittergutsbesitzer) war der Frondienst.

Da der zu erbringende Frondienst nicht gesetzlich festgelegt war, kam es in den meisten landwirtschaftlich orientierten Gebieten zu ständig wachsenden Anforderungen an die Bauern. Zum Beispiel leistete ein Bauer in Mecklenburg um 1500 3 1/2 Tage Fron im Jahr und bis 1600 stieg seine Belastung auf 160 Tage im Jahr an. In Polen, wo nach einem Sprichwort der Adel im Himmel und der Bauer in der Hölle lebt, wurden dem Landmann um 1580 300 Tage Frondienst abgefordert. Was blieb da noch an Kraft, um das eigene Leben zu sichern!

Diese verheerenden Zustände führten schließlich zum Aufstand - zum Bauernkrieg. Jedoch wurde die Rebellion zu Gunsten der Mächtigen 1525 niedergerungen.

Da der erzgebirgische Bauer diese Ausbeutung nicht kannte, konnte der Aufstand hier nicht Fuß fassen. Trotzdem fanden sich 1524 / 25 in einigen westerzgebirgischen Orten Bergleute zur Solidarität mit den Bauern bereit. Ein merkbarer Erfolg blieb jedoch aus.

Ab 1720 wurde der Frondienst eingestellt. Danach existierte er nur noch in Ausnahmefällen. Bauern und Bürger beglichen nun die staatlichen Ansprüche durch den Erbzins. Er konnte mit Naturalien oder Geld abgegolten werden.

Die Anschauung, daß Abgaben und Gerichtsbarkeit nur dem Staat zustehe oder von ihm gefordert werden könnte, konnte sich generell erst später, vor allem nach der Freiheitsbewegung von 1848 durchsetzen.

Regelungen, die den Militärdienst betrafen

Neben arbeitsrechtlichen Gesetzen gab es eine Vielzahl von Verordnungen, die das Miteinander der Menschen erleichterten, aber auch solche, die den einzelnen schwer bedrückten. Eine davon war die Defensivordnung von 1615. Sie war eine Verteidigungsordnung und zählte zu den Auflage, die besonders die ärmeren Schichten drückte.

Die Gemeinden hatten anteilig Soldaten, Wagen und Pferde für den Militärdienst zu stellen. Um das leisten zu können erhoben sie das sogenannte „Wartegeld", das von der Bevölkerung entrichtet werden mußte. Die wohlhabenden Bürger konnten sich von dieser Verpflichtung durch einmalige Entrichtung freikaufen. Bei der Erfassung von Abgaben wurden die verschiedenen Stände wie Häusler, Bauern, Handwerker, Kaufleute und weitere unterschiedlich belastet.

Ohne gesetzliche Regelungen und Abgaben ist ein Gemeinwesen nicht lebensfähig. Auch wir zahlen heute Steuern, um den Staat funktionsfähig zu halten. Deshalb enthalten sich die hier vorgestellten Beispiele jeder sozialen oder ideologischen Bewertung.

Die Kleiderordnung

Die Kleiderordnung von 1450 grenzte sehr persönliche Geschmacks- und Verhaltensgewohnheiten ein und mutet heute recht kurios an. Beabsichtigt wurde damit die Modeauswüchse in Sachsen in Grenzen zu halten. Denn die französische Hofmode und deren Sitten erfreuten sich an den deutschen Fürstenhöfen immer größerer Beliebtheit und griffen schließlich auch auf breitere Bevölkerungsschichten über.

Trotz einschränkender Bestimmungen war der Trend, sich wenigstens sonntags mit gepudertem Haar, Haarbeutel oder Perücke zu schmücken bis um 1700 ungebrochen. So mancher stolzierte mit umgeschnallten Degen einher und Mann und Frau trugen im Winter einen Muff. In früheren Zeiten war weiß die Trauerfarbe, nach 1720 setzte sich das als vornehm geltende Schwarz durch. Trauernde Männer trugen einen langen faltenreichen Mantel und einen breitkrempigen Hut von dem Flore herabhingen.

Wenn sich die Bergmannsfamilien auch nicht sehr an diesen Modeschauen beteiligt haben mögen, so hatte die Regelung für die besitzenden Stände in den reichen Bergorten gewiß ihre Bedeutung.

Harte Bestrafung für ambulante Händler

Für das Exportland Sachsen vertrat die Regierung im beginnenden Industriezeitalter grundsätzlich die Auffassung, die Einfuhren zu drosseln und die Ausfuhren zu steigern. Diese Denkweise hatte im Interesse des heimischen Gewerbes bereits Tradition.

Durch handeltreibende durchziehende Juden, die vor allem aus Böhmen kamen, wurden diese Bestrebungen oft gestört. Deshalb erließ man Verfügungen, die sich gegen Raub, Diebereien, das Glücksspiel aber auch für die Beaufsichtigung herumziehender Juden und Zigeuner aussprachen. Sie werden dabei nicht immer glimpflich weggekommen sein.

1708 wurde an der Zinnwalder Straße in Altenberg ein Schnellgalgen errichtet, der zur Abschreckung und Verurteilung von Personen gedacht war, die gegen die angeführten Gebote verstießen. Eine weitere Maßnahme war die Gründung einer Landesmiliz durch die Altenberger Bürgerschaft im Januar 1711, deren Mitglieder auf dem sogenannten Tanzboden einexerziert wurden.

Eine überzogene Reaktion auf das Überhandnehmen Durchziehender.

Räuchermann

Die Holzordnung

Die radikale Rodung des Waldes, die zu Gunsten der Landwirtschaft betrieben worden war und noch immer betrieben wurde, noch mehr die Abholzungen, die der Bergbau beanspruchte, hatten den Wald in einen desolaten Zustand gebracht. Was nicht als Stammholz direkte Verwendung beim Vortrieb der Stollen fand, wurde in den Pochwerken, den Schmelzhütten und Hammerwerken verbraucht. Rücksichtnahme auf den Rohstoff Holz waren gänzlich unbekannt.

Die ärgsten Holzfresser waren jedoch die Meiler, die der Gewinnung von Holzkohle dienten. Unter Einschluß von Lufträumen mußte der Köhler, der damals Äscher oder Ascher genannt wurde, einen kunstvoll errichteten Holzstapel Tag und Nacht betreuen. Dieser wurde von unten her entzündet und seinem gleichmäßigen Glimmen durfte weder zu viel noch zu wenig Luft zugeführt werden.

Außerdem waren die Picher an der Zerstörung des Waldes beteiligt. Sie verletzten die Bäume, um das dann austretende Harz zu gewinnen. Dadurch verkümmerte das Wachstum und die meisten Bäume konnten sich von den zugefügten Verletzungen nicht erholen und starben ab.

Um dieser rücksichtslosen Ausbeutung zu begegnen, erließ Kurfürst August (geboren in Freiberg am 31.7.1526, gestorben in Dresden am 11.2.1586) 1560 eine Holzordnung. Um einen besseren Flächenüberblick zu ermöglichen, wurden Schneisen in den Wald geschlagen und die nun entstandenen Gebiete in Reviere eingeteilt. Äschern und Pichern wurden tiefer im Wald gelegene Reviere zugewiesen. Die näher bei den Ortschaften gelegenen Waldungen blieben der Jagd vorbehalten. Damit waren gleichzeitig die Gewässer vor weiteren Zerstörungen geschützt und ihr Fischreichtum blieb für die herrschaftlichen Tafeln erhalten. Der Verkauf der verschiedenen Holzsorten wurde genau festgelegt bis hin zur Verwendung von Feuerholz und Ästen.

Die Jagd war das Privileg der Landes- und Grundherren. Der Bauer durfte selbst bei Wildschäden keine Tiere erlegen und Zuwiderhandlungen wurden schwer bestraft. Härter noch wurde der Wilddieb bestraft. Der Täter wurde durch ein Brandmal auf der Stirn gekennzeichnet. Man gab ihm die beschwerlichsten Arbeiten, wie zum Beispiel das Ausschachten von Brunnen, dabei durfte er nur mit den nötigsten Speisen versorgt werden. Konnte der Wildfrevel durch eine Geldstrafe gesühnt werden, so entfiel die Leibesstrafe. Als Strafgeld waren feste Beträge angesetzt. Für ein gewildertes Reh waren 100 Taler, für einen Hasen 50 Taler zu entrichten. Überwacht wurden diese Verordnungen von dafür eingesetzten Wäldnern, den heutigen Förstern. Bis in die Neuzeit blieben Förster und Wilddieb Todfeinde, denn ein Zusammentreffen bei der Ausübung des Wildfrevels endete für einen von ihnen oft tödlich.

Die hausväterlich geführte Innenpolitik von Kurfürst August bescherte dem Land weitere segensreiche gesetzliche Regelungen. Sie galten dem Frieden, der Verwaltung und Gerichtsbarkeit (Codex Augusteus). Darüber hinaus förderte er die Industrie (Leipziger Messe) und sorgte seit der Hinwendung zu Luther im Jahr 1574 für Kirchen und Schulen. Deshalb wurde er vom Volk liebevoll Vater August genannt. In seiner Frau Anna (1532 - 1585), einer dänischen Prinzessin, stand ihm eine ebenbürtige Gefährtin zur Seite. Sie zeichnete sich durch Einfachheit und Wohltätigkeit aus und wurde deshalb Mutter Anna genannt.

Winter und Wild

Nach 1550 mehren sich Berichte über langanhaltende und härter werdende Winter, die sich etwa bis zum Ende des 17. Jahrhunderts wiederholen. Diese Periode wird in verschiedenen Quellen als spätmittelalterliche kleine Eiszeit angegeben. Ob diese Bezeichnung noch in das heutige Bild der Wetterforschung paßt muß hier offen bleiben. Oft hielt das winterliche Wetter bis in die ersten Sommerwochen, so daß Eis die bestellten Felder überzog, und häufig stand bereits Mitte September der Winter mit Schnee und Kälte vor der Tür. Dadurch litten Wachstum und Reife, und die Ernte blieb zurück. Die Folgen davon waren Teuerungen, die oftmals bis zur Hungersnot führten.

1590 war der Frost so stark, daß die Bäume barsten. Die Not trieb das Wild bis an die Häuser. Doch fand es dort nicht immer Hilfe, sondern manchmal auch sein Ende, denn der Mensch litt ebenfalls Hunger. Da im nachfolgenden Sommer der Regen ausblieb, vertrocknete das Getreide. Die Folge war eine über zwei Jahre andauernde Teuerung und Hungersnot. Diese ungünstige Witterung wiederholte sich 1599 und führte zu den gleichen bedrückenden Auswirkungen wie acht Jahre vorher. 1624 soll es ohne Unterlaß sechs volle Wochen hindurch starken Frost und hohen Schnee gegeben haben, so daß das Wild in schwere Not geriet. Auf der Suche nach Futter kamen die Tiere nachts bis in die Ortschaften, um auf Misthaufen und rund um die Brauhäuser nach Abfällen zu suchen. Obwohl versucht wurde, durch das Fällen von Tannen, und wo es der Eigenbedarf erlaubte, auch durch Auslegen von Heu und Hafer zu helfen, waren die Verluste unter dem Wild sehr hoch. In solchen Wintern erfroren selbst Bären. Im Jahre 1631 kam wieder ein Sommer ohne Regen. Braun und verdorrt waren Wiesen und Äcker. Das ganze Gebirge blieb ohne Korn und über lange Monate in großem Elend.

1658 lag über dem gesamten Land eine geschlossene Schneedecke, so daß Prag, Nürnberg, Leipzig und Bautzen 18 Wochen hindurch mit dem Schlitten erreichbar waren. Am 30.8.1675, also mitten im Sommer, fiel Schnee und der Frost hielt ihn auf der Erde fest. Im geschützt und tiefer liegenden Lauenstein erfror dabei nachts ein Schäfer mit drei Tieren. Von 1679 erfahren wir, daß der Winter am Martinstag (11.11.) begann und bis in den April dauerte. 50 Menschen und 8.000 Stück Wild fielen im Gebirge seinem strengen Regime zum Opfer. Solche Berichte wiederholen sich im Abstand von nur wenigen Jahren, manchesmal sogar Jahr für Jahr.

Allerdings bargen die Wälder einen Wildreichtum, den wir uns nicht mehr recht vorstellen können. Neben Bär und Wolf durchstreifte der Luchs sein Revier. In den Flüssen tummelte sich der verspielte Fischotter, der dort reichlich Nahrung fand. Selbst die wärmeliebenden Eidechsen, Nattern und Schlangen bevölkerten in verschiedenen Arten das Gebirge. Als durch die Kriegswirren ab 1630 die Wölfe nicht mehr mittels Wolfsgruben abgefangen werden konnten, nahm ihre Zahl so zu, daß sie schießlich in Rudeln von 10 - 20 Tieren bis in die Dörfer liefen. Vor den Wölfen flüchtete das Wild in Gärten und auf die Friedhöfe. Hier suchte es den Schutz des Menschen, aber Sicherheit fand es meist nur tagsüber, da es von den hungrigen Verfolgern des nachts eingeholt wurde.

Von 1716 / 17 ist überliefert, daß die ersten Monate des Jahres ungewöhnliche Kälte brachten. Der Sommer verlief ebenfalls kalt und nass und es gab gebietsweise zweimal harten Frost, so daß Eiszapfen am Getreide hingen. Dazu fehlte im Sommer und Herbst der Sonnenschein. Dadurch war die Ernte verdorben, sie konnte weder für die menschliche Ernährung noch für die Aussaat genutzt werden und diente nur noch als Viehfutter. Um Hilfe zu leisten, setzte die Regierung bei Roggen, Gerste und Hafer die Akzise (Einfuhrzoll) für ein Jahr zur Hälfte herab. Zwar verbilligte sich damit das eingeführte Getreide, jedoch reichte die Entlastung nicht aus. Deshalb kam es 1719 / 20 zu Hungersnöten, die im ursächlichen Zusammenhang mit den vorangegangenen Mißernten standen.

Im Jahre 1731 setzte im Juni Frost und Kälte ein, und der Schnee bedeckte Feld und Flur. Auch Pfingsten 1732 schneite es und die frühsommerlichen Wiesen boten ein winterliches Bild. Wiederum waren nicht ausreichende Ernten die Folge, die zu erneuter Teuerung führten. Da aus dem gleichen Grund die Lieferungen aus Böhmen ausblieben, hungerten die Bewohner des Erzgebirges in einem bis dahin nicht gekannten Ausmaß. Die furchtbaren Hungerjahre 1771 / 72 wurden auch für Karl Stülpner, dem Schinderhannes oder Robin Hood des Erzgebirges, zum Schlüsselerlebnis, das ihn zu seinem rebellischen Leben veranlaßte.

Der sich aus solchen Wiederholungen ergebende Mangel und die unvorstellbare Fülle an eßbaren Vögeln war gewiß mit ein Grund dafür, daß der Vogelfang eine solche Ausbreitung finden konnte.

Der Vogelfang

Die Vogelsteller betrieben ihr unerfreuliches Handwerk im ganzen Land, aber der Erzgebirgler betrieb es mit Passion. Gefangen wurde mit verschiedenen Hilfsmitteln, die alle recht einfach herzustellen waren. Die Kunst war nicht das Fallenstellen, sondern die Gewohnheiten und Eigenarten der unterschiedlichen Vogelarten genau zu kennen und sich darauf einzustellen.

Je nach dem welche Art bejagd werden sollte, wählte man zwischen der Fangmethode des Vogelherdes, verschiedenartigen Netzen, Leim oder Schlingen. Dabei bot der Vogelherd, an geeigneter Stelle errichtet, Gewähr für die reichste Ausbeute. Auf einem grasbewachsenen Platz hob man zu beiden Seiten etwa 10 m lange Gräben aus, in denen die selbstgestrickten Netze befestigt und dann mittels einer Ruckleine jeweils in einer Breite von ca. 3 m über den eingefallenen Vogelschwärmen zusammengezogen wurden. Zum Anlocken der Tiere wurde Futter ausgelegt, oft waren das Vogelbeeren. In anderen Fällen hing man Käfige mit Lockvögeln in dafür hergerichtete Tarnbüsche. Netze wurden vor allem zum Fang von Lerchen und Wachteln benutzt. Die bösartigste Fangmethode war die Schlinge und die einfachste die der Leimrute. Mit Letzterer wurden die Vögel für die Käfighaltung, also Vögel, die als Lock- und Singvögel vorgesehen waren, erbeutet.

Die Mehrheit aber fand ein schnelles Ende. Gerupft und eingesalzen wanderten sie in die Städte und dort in Gasthof- und Herrschaftsküchen. Um entsprechend große Mengen transportieren zu können zog man den Tieren einen Faden durch die Nasenlöcher oder den Schnabel und band sie dann zu Bündeln zusammen. Die Zahl der erbeuteten Tiere war enorm. Sie wurden als Schock

Vogelfänger

(60 Stück) oder als Mandel (15 Stück), selten als Einzelstück gehandelt. Nach von Linck (zit. bei Heyder, 1952) steht zu lesen, daß allein im Oktober 1720 über 400.000 Lerchen nach Leipzig eingeführt wurden.

Da die Verkaufspreise festgesetzt und mit einer Steuer belegt waren, gibt es recht genaue Zahlenangaben über den Handel. Nach einem Mandat von 1623 waren folgende Preise festgelegt:

Ein Krammetvogel . . . . 4 Pfennig,
eine Drossel . . . . 2 Pfennig,
eine Mandel Finken . . . . 15 Pfennig,
die Akzise betrug ab 1641: 1 Pfennig,
eine Mandel Lerchen . . . . 2 Groschen
die Akzise betrug ab 1641: 3 Pfennig.

Die Menge brachte also den Gewinn, sehr zum Schaden der Tiere.

Demgegenüber wurde das widerrechtliche Erbeuten von Hühnervögeln, die der Jagd der Feudalklasse vorbehalten waren, hart bestraft. Die Geldstrafen betrugen:

Für eine Ente . . . . 10 Taler,
für ein Rebhuhn . . . . 50 Taler,
für einen Birk- oder Auerhahn . . . . . . 50 Taler.

Wenn diese Summen nicht aufgebracht werden konnten, was meistens der Fall war, wurde die Leibesstrafe angewendet.

Für einzelne Arten wurden ab 1798 schonende oder zeitlich befristete Jagdverbote erlassen, die sich bis in unsere Tage, wenn auch zögernd, zu Gunsten der Tiere verbesserten. Aber, wie wir das auch heute vielfach beobachten können, setzte die Hilfe für die Natur erst in letzter Stunde ein.

Sitten, Gebräuche, Zauber und Medizin

Noch waren es unangefochten die Theologen, die die Dispute führten. Die Gottes- und Weltvorstellungen, deren Grundlage sie aus der Bibel entnahmen, predigten sie in Kopf und Herz der Zuhörer. Sie erhoben den Zeigefinger und von ihnen kam die Einflußnahme auf eine weithin ungebildete Menschheit. Ihre Warnung vor dem Teufel, vor Magie und Zauber bedrohte den Ungehorsamen. Das von ihnen verfolgte hohe Ziel waren reine, Gott zugewendete und kirchentreue Gläubige.

Sitten und Gebräuche, die die Menschen des Erzgebirges bei Geburt, Taufe, Hochzeit oder Beerdigung begleiteten, oder die durch den Lauf des Kalenderjahres bestimmt wurden, unterschieden sich nur wenig von Gewohnheiten, die sich in anderen Gebieten herausgebildet hatten. Ausgenommen davon ist die Art und Weise wie der Gebirgler seine Advents- und Weihnachtszeit gestaltet. Vielleicht ist auch das Taufritual, wie es in der Vergangenheit praktiziert wurde, nicht überall angewendet worden.

Dem Neugeborenen wurde zur Stärkung, Kräftigung und zur Abwehr von Krankheiten Quendel (Feldthymian) in das erste Badewasser gegeben. Die Gevatterschaft galt als hohe Ehre. Üblich waren drei Taufpaten. Diese trugen das Kind während der kirchlichen Zeremonie und legten es danach mit folgenden Worten in die Arme der Mutter: „Einen Heiden haben wir fortgetragen, einen Christen bringen wir wieder." Wer sich außer den erwählten Gevattern noch zur Taufe einfand, war „Freßgevatter". Alle überbrachten dem neuen Erdenbürger ein Taufgeschenk.

Die Advents- und Weihnachtszeit wird wohl in keinem Zipfel des Erdenrunds mit soviel Hingabe begangen wie im Erzgebirge. Die Liebe zur Heimat hat hier ein Brauchtum entstehen lassen, das im Laufe der Zeit zur festen Tradition wurde. Spiel- und Gestaltungstrieb des Gebirglers haben eine Fülle von Figuren geschaffen, die in den dunklen Wochen bis zum Jahreswechsel die Stuben der Häuser bevölkerten und noch bevölkern und ihren Weg bis auf die Märkte der Welt finden. Stärker als die Darstellung religiöser Motive findet in den Holzfiguren die persönliche Umwelt und Arbeitswelt ihren Ausdruck. Deshalb ist ein heidnischer Zug im christlichen Gut unverkennbar.

Die schon vorgestellten Sagen und Erzählungen haben uns etwas von der Vorstellung und dem Weltbild wissen lassen, dem der Mensch zu Ausgang des Mittelalters verhaftet war. Dieses Bild hielt sich bis zur Zeit der Aufklärung. Das Wissen war ein Erfahrungswert, der von Generation zu Generation weitergegeben wurde. Auf diese Weise hatten sich im Laufe von Jahrhunderten Rezepturen und Arzneimittelbilder ergeben, die bei großen Teilen der Bevölkerung bekannt waren und die auch zur Anwendung kamen. Der Kranke blieb in den meisten Fällen auf die Hilfe seiner Familie oder auf Personen angewiesen, die Kenntnisse in der Anwendung von Naturheilmitteln besaßen. Und stand ihm in schlimmen Tagen ein Arzt zur Seite, so war auch er als Kind seiner Zeit in deren Vorstellungswelt eingebunden. Eine reiche Quelle derartiger Zeugnisse ist die „Rocken-Philosophie" und die Chronik „Historischer Schauplatz derer natürlichen Merckwürdigkeiten in dem Meißnischen Ober-Erzgebirge" von Christian Lehmann. Aus solchen Berichten erfahren wir von Behandlungsmethoden, die uns noch heute vertraut sind und von anderen, die uns befremden. Einige besonders kuriose Fälle seien hier angeführt:

Gegen Gerstenkorn, der Vereiterung einer Talgdrüse am Augenlid, weiß Ch. Lehmann folgendes Rezept: „Hat eins (ein Kind) ein Gerstenkorn am Auge, so gehet in die Küche, und wirft hinterrücklings drei Gerstenkörnlein ins Feuer." So einfach war das also damals! Der gleiche Autor berichtet von einer besonders unappetitlichen und in ihrer Anwendung recht umständlichen Selbstbehandlung bei Zahnweh: „Eines Gebirgischen Diaconi Eheliebste hatte eine Befreundin welche unerträgliche Zahn-Schmertzen gehabt, und vermeynet sich durch einen Todten-Zahn auch Ruhe zu schaffen. Gehet hin, und beißt einer aufgebahrten Leichen im Grimme der Schmertzen einen Zahn aus, aber mit Verlust aller ihrer Vorder-Zähne oben und unten." Lehmann weist ausführlich auf die Verwendung von Mineralien zu Heilzwecken hin. Bei „Vergiftung der Glieder" wird empfohlen, diese mit Erde und Milch zu bestreichen. Viel Beachtung findet bei ihm der Serpentinstein (dieser kommt als linsenförmige Einlagerung im Gneisgebiet des Erzgebirges vor). Dieser Stein wurde bis in das 19. Jahrhundert hinein in der Art gegen Kinderkrankheiten verwendet, in dem ihn das erkrankte Kind um den Hals tragen mußte.

Wenn sich das nun Angeführte auch nicht im Erzgebirge abgespielt hat, so gibt es doch ein gutes Beispiel dafür, wie die Heilwirkung eines Mittels gefunden werden kann. In diesem Fall, aus unserer Zeit, ist es zermahlenes Gestein von der Hekla, das ohne Labor und chemische Analyse als Arzneimittel entdeckt wurde. Hekla lava ist ein Vulkan südöstlich von Reykjavik auf Island. Immer wenn die Isländer über längere Zeit hinweg ihre Schafe auf den Berg trieben, wuchsen ihre Hufe überproportional. Diese Beobachtung hat die moderne Naturheilkunde übernommen und verabreicht das pulverisierte Mineral nun bei Knochenbehandlungen.

Viele Substanzen aus Mineralien, Pflanzen oder Bestandteilen von Tieren und Menschen, die wir heute noch nutzen, waren bereits im Altertum als Heilmittel bekannt. Einige weisen wir inzwischen zurück und viele neue sind hinzugekommen. Die meisten werden pharmazeutisch behandelt und verändert, und uns damit in anderer Form verabreicht als früher. Das zeigt auch die nachfolgende Geschichte.

Meines Wissens war die Hinrichtung der Mörderin Grete Beier 1908 in Freiberg der letzte öffentliche Akt dieser Art im Erzgebirge. Doch selbst aus dieser gar nicht so lange zurückliegenden Zeit liegt uns vom „Freiberger Anzeiger" folgender Bericht vor.

„Am Hinrichtungstag drängte sich eine ältere Frau aus einem benachbarten Dorfe durch die Menschenmassen, die das Gerichtsgebäude umstanden und wandte sich an die Sicherheitsbeamten mit der Bitte, ihr doch behilflich zu sein, daß sie eine kleine Menge Blutes von der Delinquentin bekommen könne. Das Blut von Hingerichteten habe große Heilkraft gegen Epilepsie. Sie habe in ihrer Verwandtschaft ein junges Mädchen, das epileptisch sei, und dem wolle sie mit dem Blute helfen." Nun, Blut ist eben ein besondrer Saft!

Mehr als heute gab es damals kundige Leute, die Mensch und Tier mittels „Besprechen" heilten oder vorgaben solches zu können. Andere Kranke setzten ihre Hoffnung auf magische Sprüche, die sie aufgeschrieben meist als Amulett bei sich zu tragen hatten. In der „Zeitschrift für deutsche Kulturgeschichte" von 1875 findet sich ein Beitrag über Zaubersprüche. Er trägt den Titel „Abergläubige Meinungen und Gebräuche der Anwohner des Erzgebirges" und lautet so: „Einer meiner Dorffreunde hatte unter den Erbstücken seines Vaters eine hölzerne Dose entdeckt. In ihr befand sich ein Zettel, der eine Zauberformel gegen allerlei Krankheiten, insbesondere aber gegen die Gicht enthielt. Der Zettel trug die Spuren großen Alters an sich und den Namen der Großmutter, für welche er geschrieben zu sein schien. Mein Bekannter versicherte mir, er habe früher nichts davon erfahren, daß sein Vater ein solches Zaubermittel besessen habe. Die Beschwörung, der eine Menge Kreuzzeichen beigemischt waren, lautete so:

Im Namen Gottes des Vaters + Gottes des Sohnes + Gottes des Heiligen Geistes + Amen +. Ich Hanna Rosina N.N. beschwöre Dich, Gesicht und Gicht, bei den Sonnen und bei den Monden, und bei der göttlichen Kraft, die da ist im Himmel und auf Erden, daß Du mir keinen Schaden tust an meinem Leib, weder an Haupt, an Augen, an Hals, an Achseln, an Armen, an Händen, an Beinen, an Füßen, an Rücken, an Lenden, an Leber, an Gedärmen, noch an keinem anderen meiner Glieder. Daß helfe mir Gottes Kraft und das heilige Grab, wo der Gottesherr selber darinnen lag.- Es sei gleich Frau oder Mann, der die Worte sprechen kann, oder bei sich trägt, denen soll nimmer das Gesicht noch Gicht bestehen. Amen + Aglodt + Beder Genannte Hanna Rosina N.N. Jesus Christus unseres Vermittlers Amen +."

Auf der Rückseite des Zettels stand folgendes geschrieben: „Der Verfertiger hiervon ist der Auszügler Schneider in Limbach unter Mügeln." - „Es muß im abnehmenden Mond des Donnerstages zu ihm gegangen werden, damit er es den Freitag frühe vor Sonnenaufgang schreiben kann."

Die Aufklärung

Insgesamt stand Mitteleuropa nach dem Westfälischen Frieden vor einer Neuorientierung. Die kleinen deutschen Länder suchten einen politischen Zusammenschluß. Zwar existierte formal das Reich, doch übte der Kaiser weder politisch noch gesetzgeberisch einen wesentlichen Einfluß aus. Die vielen Fürsten- und Herzogtümer und Königreiche waren es, die die Szene beherrschten und ihre jeweiligen Interessen ins Spiel brachten. Diese politische Lage ermöglichte es den souveränen Fürsten ihre Macht auszubauen. Jedoch vergrößerte das auch den Abstand zum Volk. Die Veränderung hin zur absolutistischen Staatsform war vollzogen. Allerdings war der Absolutismus relativ. Der Fürst verfügte nicht annähernd über die Machtfülle, wie sie uns von modernen Diktatoren bekannt ist. Und er hatte noch nicht jenes Machtinstrument zur Verfügung, das fast alle Interessen durchsetzbar macht: die Partei. Die Schwäche des Systems lag bei der Vererbung von Titel und Macht. Damit gelangten auch schwache, regierungsunfähige Herrscher auf den Thron. Und leider war die sinnvolle Einrichtung der Germanen, die ihren Herzog für zwei Jahre wählten und ihn bei Nichterfüllung seiner Pflichten, ja bei bloßer Vermutung darüber, abwählten, lange vorbei.

Bis zur Auflösung des Reiches tagten in Regensburg die Reichsstände, um die Einhaltung der neuen Rechtsordnung zu gewährleisten. In ihr waren auch konfessionelle Grundfragen verankert, die eine größere Freiheit bei religiösen Entscheidungen zuließ. Nun war es nicht mehr erforderlich, daß sich die Bevölkerung anschließen mußte, wenn der Fürst konvertierte. Diese bisher geübte Praxis (cuius regio eius religio = wem das Land dem die Religion) war meist gegen den Willen des Volkes erzwungen worden. Als August der Starke (1670 - 1733) zum Katholizismus übertrat, hatte das für die Untertanen keinerlei Konsequenzen.

Nach 1750 begann eine zaghafte Wandlung des Bewußtseins, die mehr und mehr zunahm und die wir heute als Zeit der Aufklärung bezeichnen. Diese geistige Bewegung hatte praktische Folgen. Neue Denkweisen setzten sich durch, die alle Gebiete des Lebens erfassten. Dadurch wurden erhebliche Verbesserungen bei der Rechtsprechung, wie die Abschaffung der Folter und Einschränkung der Todesstrafe erreicht. Die traditionellen Bindungen an die Kirche lockerten sich, und bis hin zur Kunst und Mode fanden die Veränderungen ihren Ausdruck. Jetzt begann in Ansätzen, was nach 1848 zum sichtbaren und lebensverändernden Durchbruch kommen sollte. Selbst Kleidung wurde Demonstrationsbekleidung und signalisierte, daß ihr Träger gegen Fürstenwillkür und für mehr Gleichberechtigung eintrat.

Wenn diese Umwälzungen in den Städten auch mehr bewirkten als auf dem Land oder im abgelegenen Erzgebirge, so ist doch auch hier alles vor diesem Hintergrund zu sehen.

Post und Postsäulen

Seit 1575 bestand in Sachsen die Möglichkeit postalischer Nachrichtenübermittlung. Jedoch wurden Beförderungen nur im Bedarfsfalle durchgeführt. Erst 1616 kam es zur Einrichtung einer regelmäßigen Poststrecke zwischen Frankfurt und Leipzig. Ab 1625 wurde die Strecke von Leipzig nach Dresden erweitert.

Nach Beendigung des 30jährigen Krieges waren die Landesfürsten allgemein bemüht, gegenüber dem Kaiser größere Unabhängigkeiten durchzusetzen. Ein solches Anliegen verfolgte auch Kurfürst August. Er forderte ein eigenes Postrecht.

Feste Postlinien mit dazugehörigen Poststellen wurden nun eingerichtet. Diese Poststellen dienten dem reitenden Boten zum Pferdewechsel wie zu seiner eigenen Ablösung. Später wurden daraus die Haltestellen für die Postkutschen. Die Dienststellen wurden an einen Postmeister verpachtet, der seinerseits für einen reibungslosen Ablauf zu sorgen hatte.

Was den Lenkern der Postkutschen auf ihren einsamen Wegen alles begegnen konnte, erzählt uns die nachfolgende Spukgeschichte. Sie spielt an der sogenannten „Baukarre", das ist eine steile Kehre auf der Straße zwischen Bärenburg und Altenberg. Im Sagenbuch des Erzgebirges trägt die Erzählung den Titel „Die Gestalt ohne Kopf zwischen Bärenburg und Altenberg":

„Schon von vielen Personen wurde auf der Chaussee vom Gasthof Bärenburg aufwärts nach Altenberg, da wo die Straße der Steigung halber die große Krümmung macht, eine Erscheinung ohne Kopf beobachtet. Bei der letzten Drehe pflegt die Gestalt, welche sonst immer in gleicher Höhe mit dem Wanderer auf der anderen Seite der Straße fortschreitet, zu verschwinden. Die oft einsam fahrenden Postillone der Nachtpost wollten in früherer Zeit den Spuk neben den Pferden gehend gesehen haben."

Postkutsche

Der Beförderungsdienst entwickelte sich schnell. Um sich diese Einnahmen zu sichern, übernahm das Land Sachsen 1712 das Postwesen in eigene Regie. Nach 1850 setzten sich einheitliche Wertzeichen durch. Der erste Druck war die rote Sachsen - Dreier im Werte von drei Pfennigen, die heute zu den begehrtesten Sammlerobjekten gehört.

Seit 1568 gab es in Sachsen Bemühungen, die zum Teil seit Jahrhunderten bestehenden Verkehrswege in einem Kartenwerk darzustellen. Allerdings kam diese Arbeit nur schleppend voran, da zweimal hintereinander die mit der Kartierung Beauftragten vorzeitig verstarben. Deshalb wurde die Initiative von Adam Zürner, der hier Abhilfe zu schaffen versprach, sehr begrüßt. Zürner lebte als Pfarrer in Skassa bei Großenhain. Seine Vorstellung war, in einem Reisewagen ein Zählwerk einzubauen, damit die Hauptverkehrswege abzufahren und gleichzeitig zu vermessen. Im besagten Reisewagen mußte der Umfang eines Hinterrades einem feststehenden Bruchteil einer Meile entsprechen. Jede Umdrehung des Rades wurde auf das Zählwerk übertragen. Danach konnte dann die Streckenlänge bestimmt werden. Den Arbeitsplan für dieses geniale Vermessungssystem trug Zürner der Regierung in Dresden vor. Er fand sogleich die Unterstützung des Landesherren. Dieser ernannte ihn zum kurfürstlichen Geographus und stattete ihn mit den Mitteln aus, deren er bedurfte. Der Reisewagen wurde nun nach Zürners Angaben hergestellt. Danach fuhr er Straßen, Städte und Dörfer ab, die in einen besseren Verkehrsverbund gebracht werden sollten. An den vorgesehenen Haltestellen der Postkutschen ließ man steinerne Säulen errichten. Meist war das auf dem Marktplatz oder an einem anderen geeigneten Mittelpunkt des Ortes. An den Seiten der Säulen wurden die Streckenentfernungen zwischen den Haltepunkten in Meilen, Halb- und Viertelmeilen und die Reisezeit nach den einzelnen Zielen angegeben. Diese Postmeilen - oder Distanzsäulen wurden mit dem Kurfürstlich - sächsischen und dem Königlich - polnischen Emblem geschmückt. In Form und Ausgestaltung sind sie noch heute ein erfreulicher Beweis für den Schönheitssinn dieser Zeit. Über Jahre waren sie in einem mehr oder weniger beklagenswerten Zustand, doch inzwischen sind wohl alle Säulen restauriert. Eines dieser Denkmale befindet sich in der Ortsmitte von Altenberg.

Zürner verfolgte außerdem den Plan einer umfassenden kartographischen Darstellung von Sachsen. Außer der Festhaltung des Wegenetzes und der Ortschaften sollten geographische Merkmale wie Berge, Wasser oder Wald aufgenommen werden. Bei Städten und Dörfern war beabsichtigt, diese durch für sie charakteristische Abbildungen zu kennzeichnen. Um das geplante Werk durchführen zu können, wurden die Gemeinden von der Regierung aufgefordert entsprechende Illustrationen anfertigen zu lassen und in Dresden einzureichen. Gedacht war dabei etwa an die Wiedergabe einer Burg, einer Kirche oder eines anderen Bauwerkes eines Ortes. Aber auch einfachere Darstellungen wie ein Wappen oder Siegel waren willkommen. Dabei fanden sich, vor allem in kleineren Gemeinden, oftmals keine Personen die in der Lage waren eine solche Skizze herzustellen. Außerdem blieben die entstehenden Kosten an der Gemeindekasse hängen. Deshalb wurden diese Auflagen vielfach zögernd behandelt oder gar nicht ausgeführt. Zürner hat über Jahre befürchtet, sein Vorhaben nie beenden zu können.

Obwohl das Erzgebirge um 1700 zu den gut erschlossenen Gebieten Sachsens gehörte, stellte die Bewältigung dieser Arbeit auch für die Verkehrslage des Gebirges eine große Verbesserung dar. Für den Raum Altenberg konnte erst mit dem Bau der Müglitztalbahn wieder eine ähnlich bedeutende Verkehrserweiterung geschaffen werden.

Der Nordische Krieg und der Siebenjährige Krieg

Nach dem Beginn des Nordischen Krieges von 1700, in dem Rußland, Polen, Sachsen und Dänemark gegen Karl XII. von Schweden (1682 - 1718) standen, wurde Sachsen 1701 / 1702 Quartierland für 20.000 Schweden. Dadurch wurden seine Kassen und seine Wirtschaft stark belastet.

1706 rückte der Schwedenkönig erneut mit 32.000 Mann in Sachsen ein, und nahm unter anderem in einigen westerzgebirgischen Ortschaften Quartier. Das war nun nicht mehr der wilde Haufen, den unsere Vorfahren im 30jährigen Krieg kennen und fürchten gelernt hatten. Denn die schwedischen Truppen standen unter Karl XII. in straffer Disziplin. Trotzdem wurden sie dem Land eine arge Last, da ihre Versorgungsansprüche sehr hoch waren. Neben anderen Nahrungsmitteln erhielt jeder Soldat täglich zwei Pfund Fleisch und 1/2 Pfund Butter. Dazu kamen Hafer und Stroh für die Pferde. Die Erzgebirgler konnten sich selbst solche Üppigkeit nicht leisten.

Der Finckenfang

Im Zweiten Schlesischen Krieg, der von 1744 - 1745 dauerte, wurde das Erzgebirge wirtschaftlich hart bedrängt, so daß es zu einer Teuerung kam. Die einquartierten preußischen Soldaten und ihre Pferde verbrauchten die Vorräte der Bevölkerung. Durch ständige Truppenbewegungen verschleppten sie Epidemien, die zahlreiche Opfer kosteten. Darüber hinaus wurde Sachsen durch Friedrich den Großen (1712 - 1786) zu erheblichen finanziellen Leistungen herangezogen und seine männliche Jugend in das preußische Heer gepreßt. Diese Situation wiederholte sich im Siebenjährigen Krieg.

Der Siebenjährige Krieg (1756 - 1763) verlief in zwei Phasen. In einen zweijährigen Offensivkrieg, der von Preußen nicht durchgehalten werden konnte, und in einen fünfjährigen Defensivkrieg. Preußen zeigte einen beispiellosen Durchhaltewillen. Doch darüberhinaus blieb der Tod Elisabeths von Rußland (1709 - 1762) mitentscheidend für den Ausgang, da deren Nachfolger, Peter III. (1728 - 1762) und Katharina II. (1729 - 1796) neutral blieben und damit für Preußen Entlastung schafften.

Sachsen war bemüht, sich aus den Verwicklungen des Krieges herauszuhalten. Trotzdem war es nicht neutral. Die Regierung in Dresden entfaltete einen lebhaften Kurierdienst, in dem sie Östereich alle verfügbaren Informationen über Preußen zuspielte. Damit sollte gleichzeitig die Bündnistreue gegenüber dem Kaiser bestätigt werden. Schließlich wurde es als Aufmarschgebiet in die Wirren gezogen. Bedingt durch seine geographische Lage stand es zwischen den Fronten und zahlte einen hohen Preis für einen fremden Krieg.

Von Böhmen kommend führten die Östereicher mehrfach kleinere Überfälle aus, die das Erzgebirge direkt betrafen. 1759 kam es im Raum Aue zu verschiedenen Kampfhandlungen. Deshalb wurden die einheimischen Bergleute mit Flinten und Bajonetten ausgerüstet. Diese unangemessene Reaktion steht in Übereinstimmung mit anderen, geschichtlich bedeutenderen Entscheidungen, und zeigt die schwache, konfuse Regierungsführung von Kurfürst August III.

Nachdem sich das preußische Heer von der Niederlage bei Kunersdorf erholt hatte, versuchte Friedrich II. die Österreicher aus Sachsen zu vertreiben und Dresden wieder für sich zu gewinnen. Bei diesen Gefechten wurde die Stadt durch Beschuß und durch Feuerlegen schwer in Mitleidenschaft gezogen. Ihre Zerstörung wird mit 60 Prozent angegeben.

Ein Ereignis, das uns wegen seiner unmittelbaren Nähe zum Erzgebirge besonders angeht, möchte ich an dieser Stelle erwähnen.

Während das preußische Heer in Wilsdruff bei Freital stand, wurden 16.000 Mann, die von General Finck kommandiert wurden, nach Maxen beordert. 2.000 Soldaten blieben als Nachhut bei Dippoldiswalde zurück. Die 14.000 Mann wurden auf einer Anhöhe bei Maxen in Stellung gebracht. Ihre Aufgabe war es, den Abzug der Östereicher aus Dresden zu stören. Jedoch wurden diese von 40.000 kaiserlichen Soldaten am 24.11.1759 eingeschlossen. Die österreichischen Truppen kämpften unter General Daun. Obwohl sich die Eingeschlossenen mit großer Tapferkeit um einen Durchbruch bemühten, gelang er nicht. Finck verlor nun seinen bisher so oft bewiesenen Mut und seine Entschlossenheit. Kampflos übergab er die ihm anvertrauten 14.000 Soldaten, darunter 9 Generale, den Belagerern.

Diese, wie Friedrich glaubte, vermeidbare Niederlage, hat der König Finck nie verziehen. Nach Beendigung des Krieges wurde der General zusammen mit den Generalen Gersdorff und Rebentisch vor ein Kriegsgericht gestellt, das unter dem Vorsitz von Zieten stand, und zu einer Festungsstrafe verurteilt. Später trat er in die dänische Armee ein und verstarb als deren Oberbefehlshaber in Portugal.

Die Anhöhe bei Maxen, der Ort des Geschehens, trägt seither den Namen „Finckenfang".

Das Strohflechten

Durch die harten Bedingungen des Hubertusburger Friedens, der 1763 den Siebenjährigen Krieg beendete, konnte Sachsen seine kulturelle und wirtschaftliche Lebenskraft, deren es sich vor dem preußischen Überfall erfreute, nicht wieder erreichen. Trotzdem erfolgte nach dem Friedensschluß eine Wiederbelebung, Wirtschaft und Handel konnten sich erholen. Neue vorindustrielle Fertigungsstätten entstanden, die im Laufe der Technisierung an Vielfältigkeit zunahmen. Diese neuen Produktionsformen waren in der Lage, den Markt mit Billigangeboten zu versorgen. Einige dieser Werkstätten konnten sich zu bedeutenden Industriebetrieben vergrößern und haben teilweise bis heute ihre Geltung behalten. Der Warenverkehr mit dem Ausland erweiterte sich ständig. Das Westerzgebirge wurde in kurzer Zeit zum Hauptindustriegebiet von Sachsen. Durch die internationalen Verflechtungen wurde das Wirtschaftsgefüge gleichzeitig anfälliger. Es gab eine Reihe von Ursachen, die zu Störungen führten und in wiederholten Wirtschaftskrisen endeten.

Der Aufbruch, der das Westerzgebirge zu einer prosperierenden Industrielandschaft werden ließ, konnte im Osterzgebirge nicht erreicht werden. Hier blieben, bis auf wenige Ausnahmen, die Orte als bäuerliche Gemeinden bestehen. Lediglich Schmiedeberg, Gottleuba und Berggießhübel förderten und verarbeiteten weiterhin Eisen, während in Seiffen, Zinnwald, Geising und Altenberg der Zinnbergbau maßgebend blieben.

Als Heimarbeit bei äußerst geringer Entlohnung bürgerte sich das Strohflechten ein. Der Vorteil dieser Arbeit lag vor allem darin, daß ihr die ganze Familie nachgehen konnte. Für diese Tätigkeit reichten auch die Kräfte der Alten und Kranken wie die der Kinder.

Jedoch war das ein kümmerlicher Broterwerb. Bis tief in die Nacht saß man über dieser Arbeit. Um Licht und Feuerung zu sparen, fanden sich die Nachbarn umschichtig in einem der Häuser zusammen, dabei wurde erzählt und gesungen. Aus dieser Gemeinschaft bei Arbeit und einem bescheidenen Vergnügen ergab sich die im ganzen Gebirge beliebte Sitte des „Huzenohmds" (abends).

Den Vätern und Söhnen, die ihren Verdienst im rückläufig gewordenen Bergbau verloren hatten, ging eine solche Tätigkeit verständlicherweise schlecht von der Hand. Sie entzogen sich oft der ungeliebten Arbeit. Und viele, allzuviele, vertranken aus dem Gefühl der Hoffnungslosigkeit das von der ganzen Familie sauer Erarbeitete. Da die Zahl derer wuchs, die auf die kargen Einkünfte aus dem Strohflechten angewiesen waren, vergrößerte sich das Angebot an Arbeitswilligen laufend. Die Folge war, daß die Unternehmer die Löhne drückten. Meine Vorfahren, die seit Generationen in Altenberg als Bäcker ansässig waren, erlebten diese Notzeit auf ihre Art, denn beim Bäcker blieb man das Brot schuldig.

Der Gewerbezweig der Strohverarbeitung hatte seinen Sitz in Kreischa, südlich von Dresden. Von dort breitete er sich über das Osterzgebirge bis nach Böhmen aus und konnte sich bis zum Ausbruch des ersten Weltkrieges halten. Bis 1909 gab es in Geising eine Flechtschule, eine weitere war in Dippoldiswalde.

In Falkenhain und Johnsbach wurde das dafür benötigte Weizenstroh angebaut. Um lange Halme zu erhalten, mußte die Saat sehr eng gesetzt werden. Nach der Ernte wurde das Stroh gebleicht und geteilt. Danach konnte es zu gleichlangen Borten verflochten werden. Die Abrechnungseinheit für die geflochtene Ware war eine Mandel. Einmal wöchentlich wurden die Borten bei der Sammelstelle abgegeben und von dort an die zuständige Manufaktur weitergeleitet. Im Gegenzug erhielt man neues Rohmaterial und die Bezahlung für die abgelieferte Ware. In den Manufakturen fand dann die Weiterverarbeitung zu Mützen, Hüten, Tischdecken und anderen Artikeln statt.

Von Sebnitz und Neustadt ausgehend verbreitete sich nach 1870 die Heimindustrie der Kunstblumenherstellung. Die Arbeitsabläufe waren ähnlich wie beim Strohflechten und wurden ebenfalls durch Manufakturen abgewickelt. Obwohl sich dieser Erwerb bis in die heutige Zeit halten konnte, blieb die Zahl der darin Beschäftigten im hiesigen Raum gering.

Die Spielzeugmacher

Die im Erzgebirge seit dem 15. Jahrhundert mit der Bearbeitung von Holzwaren beschäftigten Handwerker fertigten Gebrauchsgegenstände wie sie im Haushalt, in der Landwirtschaft und bei der Erzverarbeitung verlangt wurden. Das waren so alltägliche Dinge wie: Bottiche, Schaufeln, Siebe, Schüsseln und Teller, Kannen, Löffel, Quirle und Knöpfe. Etwa um 1700 erweiterte sich das Angebot auf Kindertrommeln, Kinderpfeifen und in beschränktem Umfang auf Geigen. Daneben gab es den Gewerbezweig der Schachtelmacher, die Kistchen, ausgeschmückte Schachteln und Dosen fertigten. Nach 1750 stieg die Zahl der Drechsler stark an, deshalb ist anzunehmen, daß um diese Zeit im größeren Maße mit der Herstellung von Kinderspielzeug begonnen wurde.

Ursprünglich wurden Figurengruppen gefertigt, die das eigene Leben und das der Nachbarschaft darstellten. Das betraf zum Beispiel die Arbeit vor Ort, Tätigkeiten im Haus, bei der Landarbeit, die verschiedenen Beschäftigungen in Wald und Forst oder Verrichtungen im Sägewerk. Diese Lebens- oder Arbeitsbilder wurden in sogenannten Guckkästen aufgestellt und mechanisch in Bewegung gesetzt.

In Zeiten allgemeinen Niederganges im Bergbau wandten sich auch arbeitslos gewordene Bergleute dieser Tätigkeit zu. Einige der Spielzeugmacher waren Berginvaliden, die so ihre Einkünfte zu verbessern suchten. Insgesamt handelt es sich jedoch um einen eigenständigen Gewerbezweig, der überwiegend von Personen ausgeübt wurde, die sich nur mit diesen Holzarbeiten beschäftigten. Die dabei gewonnenen Erfahrungen konnten so von Generation zu Generation weitergegeben werden und die gefertigten Modelle erfuhren dadurch eine ständige Verbesserung.

Im Laufe der Jahre differenzierten sich die gefertigten Gegenstände und die Erzeuger spezialisierten sich. Es gab dann Schachtelmacher, Drechsler, Reifendreher und Figurenschnitzer. Mehrheitlich arbeiteten sie als Einmann- oder Familienbetrieb. Zur Aufnahme von Fremdarbeitern kam es nur selten. Wenn es aber mit Unterstützung der Familie gelang eine Werkstatt zu gründen, dann wurde aus dem „Männlmacher" ein Spielzeughersteller. Viele dieser Betriebe entstanden in Olbernhau, Heidelberg und Seiffen. Damit wurde dieser Winkel des Erzgebirges zum klassischen Spielzeugland. Manfred Bachmann gibt in seinem Buch „Holzspielzeug aus dem Erzgebirge" an, daß 1868 in Heidelberg 77,2 % und in Seiffen 65,4 % der Einwohner in der Spielzeugindustrie, die meist eine Heimindustrie war, tätig waren. Der Ort Heidelberg wurde 1939 mit Seiffen zusammengeschlossen und ist deshalb als selbständige Gemeinde von der Landkarte verschwunden.

Neben den angeführten Guckkästen entstanden immer mehr Figuren, die auf einen bestimmten Beruf oder eine Gestalt aus der Geschichte oder der Sagenwelt des Gebirges hinwiesen. Dabei wurden Figuren, die die Obrigkeit verkörperten, wie der König, der Soldat oder der Gendarm immer in Form der grimmig aussehenden Nußknacker gefertigt. Für die Räuchermännchen dienten dagegen freundliche Vorbilder, die dem einfachen Volk nachgebildet waren, das waren unter anderen der Nachtwächter, der Postbote, der Bergmann, Waldarbeiter, Essenkehrer oder der beliebte Rastlbinder (ambulanter Händler). Bei den winterlichen Darstellungen kamen zu den bodenständigen Figuren die Gestalten aus der christlichen Weihnachtsgeschichte. Dabei haben sich die musizierenden Engelsgruppen aus Grünhain einen vorderen Platz erworben. Zu erkennen sind sie an den weißen Punkten, die die kleinen Kerlchen auf den grünen Flügeln tragen. Aus der gleichen grünhainicher Werkstatt von Wendt und Kühn stammt eine weitere Reihe sehr ansprechender Modelle, unter anderen die bekannten Blumenkinder. Weitere viel beachtete Modelle kamen aus den Werkstätten von Olbernhau und Seiffen. Die Kurrende (Chorkinder) mit dem achteckigem Seiffner Kirchlein ist geradezu zum Markenzeichen für das Spielzeugdorf geworden. Anläßlich der Weltausstellung 1937 in Paris gingen allein drei Goldmedaillen für Entwürfe an diesen Ort.

Schwippbogen

Der traditionelle Adventsleuchter des Erzgebirglers ist der „Schwippbogen". An ihm läßt sich gut verfolgen, wie sich ein Modell aus den Lebensgewohnheiten der Menschen heraus ergeben hat. Immer wenn die nächste Schicht der Bergleute in die Grube einfuhr und die bisherige Schicht die ihre beendet hatte, versammelten sich die Männer vor dem Stollen, um ein Bitt- oder Dankgebet zu sprechen. Dazu nahmen sie ihre Karbidlampen, die sie um den Hals trugen, ab. Sie hängten die Lampen an dafür angebrachten Nägeln auf, die rund um den Stolleneingang eingeschlagen waren.

Ihre Angehörigen sahen nun, aus der Entfernung des Dorfes, die im Halbkreis leuchtenden Lichter. Da wußten sie, daß die Schicht glücklich beendet war. Diesem Lichtbogen ist der Adventsleuchter nachempfunden. Die Motive weichen voneinander ab, sie richten sich nach dem Herstellungsort und dessen Eigenheiten. Deshalb haben die einzelnen Bergorte ihren eigenen sehr speziellen Schwippbogen.

Alle in der Branche Tätigen werden mit dem Sammelbegriff Spielzeugmacher bezeichnet. Ein Drechsler ist dagegen derjenige, der seinen Platz an der Drehbank hat und dort aus dem Holzstück den Rohling dreht. Diese Stelle nahm in den meisten Fällen der Familienvater ein. Die Weiterverarbeitung des Rohlings oder der einzelnen Teile, wie das Zusammenleimen und Bemalen übernahm dann die ganze Familie, bis hin zu den Großeltern und den Kindern.

Unter den Drechslern liefert der Reifendreher eine herausgehobene Qualitätsarbeit. Nach M. Bachmann läßt sich der Beginn dieser Technik bis in das Jahr 1810 nachweisen, wenn auch die damaligen Objekte noch nicht die handwerkliche Perfektion auszeichnete, wie es heute der Fall ist.

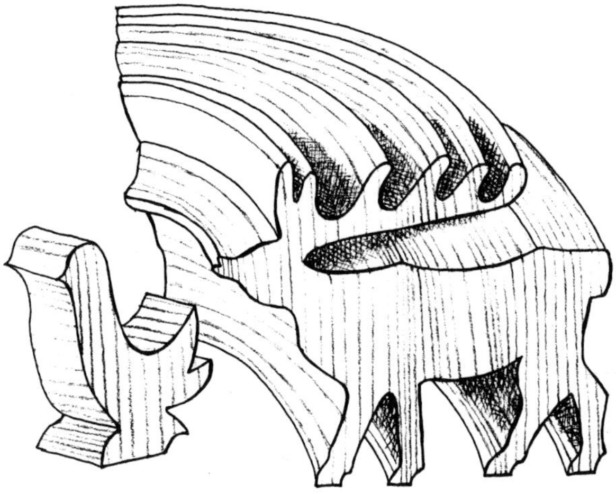

Reifenstück

Der Reifendreher spannt eine Holzscheibe von gewünschter Stärke in die Drehbank. Während die Scheibe rotiert, fräst er mittels verschieden starker Dreheisen - entgegen der Drehbewegung - eine von ihm geplante Form in das Holz. Die ausgespannte Scheibe hat nun eine Ringform mit ausgefrästen Rillen. Jedoch ist für den Laien nicht erkennbar, welcher Grundtyp da herausgearbeitet wird. Dies erkennt man erst dann, wenn der Reifen durchschnitten wird und das Profil erscheint. Im Profil erkennt man nun wohlproportionierte Tier- oder Menschengestalten. Bei dieser Arbeitsmethode erreicht man, daß mit zwei

Vorgängen - Fräsen und Trennen - eine Vielzahl gleichartiger Formen entstehen. Die Reifendreher sind nur in Seiffen und seiner allernächsten Umgebung anzutreffen.

Figurenschnitzer ist derjenige, der manuell mit dem Schnitzmesser arbeitet. Er bleibt meist auf sich allein gestellt und seine Modelle variieren und werden nur in Ausnahmefällen bemalt. Er ist der Bildhauer der Miniatur.

Da das Warenangebot sich am Markt zu orientieren hatte, entstanden mit der Zeit immer neue ausdrucksvollere Modelle. Dabei ergab sich der Brauch, das in den meisten Betrieben nur eine sehr begrenzte Auswahl von Entwürfen zur Herstellung kam, was die Wirtschaftlichkeit der Produktion begünstigte. Diese Konzentration führte so weit, daß in einem Ort vorwiegend, und manchmal ausschließlich, Nußknacker, in einem anderen Dorf Bergmänner oder ein anderer Figurentyp gefertigt wurden.

Spielzeughändler

Mit dem Beginn der Spielwarenherstellung, etwa um 1700, übernahmen Aufkäufer die Waren und brachten sie per Schubkarre oder im Huckelkorb (Kiepe) auf die Märkte der Städte. Außerdem befaßten sich Verleger mit dem Vertrieb, die sich teilweise zu ansehnlichen Unternehmen entwickeln konnten. Diese erschlossen auch weitentfernte Märkte bis nach Übersee oder Märkte, die größere Warenmengen erforderten, wie die Versorgung der Leipziger Messe oder der Markt zu Nürnberg. Der Spielzeugvertrieb ging immer mehr in die Hände der Verleger über und der Ort Grünhain wurde dafür zum zentralen Platz.

Nach M. Bachmann „Holzspielzeug aus dem Erzgebirge" (S. 24) soll hier ein Zeitzeuge zu Wort kommen. Zitat: „Aus der Feder des Olbernhauer Kaufmanns Gottlieb Semmler stammt einer der ersten exakten Belege für das Einsetzen des Überseehandels Ende des 18.Jh. Semmler richtete an den sächsischen Kurfürst Kreditersuchen und vermerkte dazu: „Schon im Jahre 1782 habe ich ohne zu rühren mit allen Eifers und gethane Reisen mich bemüht, die inländischen Holz-Waren zu vertreiben und bin so glücklich gewesen, daß ich im Januar 1784 25 Kisten an Werthe 2.500 Thl. mit der Spanischen Silberflotte, dann im Monat Juni 1785 200 Kisten an Werthe 12.643 Thl. 18 Groschen in verschiedene außer Europa mehrenteils liegende Gegenden versendet."

Weiter berichtet Bachmann: „In Hamburg habe er (Semmler) eine eigene Niederlassung gegründet. Seine Lieferungen seien nach Nürnberg, Venedig, Amsterdam, London, Archangelsk gegangen." Semmler hinterließ ein Verzeichnis, in dem er die seit 1782 für ihn produzierenden Drechsler anführt: In Heidelberg 50, Seiffen 41, Einsiedel 10, Neudorf 6, und andere Orte insgesamt 128 Drechsler und ihre Familien. (1771 gab es in Seiffen erst 12 und in Heidelberg 15 Drechsler). Um seine Verdienste zu belegen, verwies er darauf, daß die Seiffner Drechsler vorzugsweise an ihn lieferten, weil er am besten zahle. Als Beispiel für die Billigkeit seiner Waren legte er seinem Ersuchen einen holzgedrechselten Apfel bei, in dem sich 23 kleine Formen von Hausgerät und Geschirr befanden - für 8 1/2 Pfennig."

Das Angebot dieser Holzarbeiten traf auf immer größeren Bedarf und die Nachfrage danach ist bis heute ungebrochen.

Wald und Forst

Soweit nach dem Niedergang im Bergbau der Anschluß an die Heimarbeit oder die Industrialisierung nicht gefunden werden konnte, blieb für die Bevölkerung neben der Landwirtschaft nur der Wald als Erwerbsquelle.

Obwohl die schon bestehenden Säge- und Schneidemühlen durch Konzentration an Zahl abnahmen, vergrößerten sie ihr Leistungsangebot. Der Name mancher Gaststätte deutet noch heute daraufhin, daß sich an dieser Stelle einst ein Sägewerk befand. Gleichzeitig wurden weitere holzverarbeitende Betriebe gegründet, die eine Vielzahl von Produkten herstellten. Nach 1900 beschäftigten sich einige Stellmacher mit der Fertigung von Skiern. Da es noch wenig Abnehmer dafür gab, wurden diese nur an Ort und Stelle verkauft und teilweise nur auf Bestellung gefertigt.

Förster und Wild

Der reiche Waldbestand erforderte eine dichte Besetzung mit Forstämtern. Wie noch heute, wurden die Bezirke in Oberförstereien eingeteilt. Ihnen unterstanden die Revierförstereien. Um 1800 war die Oberförsterei Dippoldiswalde mit 4 Revierämtern besetzt. Der Oberförsterei Frauenstein unterstanden 5 Revierämter. Das Altenberger Gebiet wurde von der Oberförsterei Hirschsprung und seinen 3 Revierämtern betreut. Auf diese Weise konnte der Wald intensiv genutzt werden und erhielt gleichzeitig die nötige Wartung. Für viele Menschen war die Forstwirtschaft ein zuverlässiger dauerhafter Arbeitgeber. Über die meist lebenslang dort beschäftigten Waldarbeiter und Holzfuhrleute hinaus fanden auch Frauen Arbeit auf Zeit. Sie wurden vor allem herangezogen, wenn neu gepflanzt werden mußte.

Noch war der Wald nicht durch den sorglosen Umgang mit Giftstoffen ruiniert und bot nicht jenes verheerende Bild, das uns heute so betroffen macht. Fichtenreihe hinter Fichtenreihe, eng aufgeschlossen bei den jungen Beständen und in der Schonung, jedoch raumgebend für die Entfaltung des einzelnen Baumes im älteren Forst, so stand der Wald. Nur selten durchbrach ein Laubbaum dieses immergrüne Bild und ganz unregelmäßig wuchs hier und da eine Tanne. Durch diese Monokultur war der Wald jedoch anfällig und es kam wiederholt zu forstwirtschaftlichen Schäden. In den Jahren 1885 und 1915 gab es ohne erkennbaren Grund ein Baumsterben. In anderen Jahren waren Schädlinge die Ursache dafür. Ich erinnere mich, wie ich als Kind davon hörte, daß der Wald von einem Spinner, der Nonne, befallen war. Dann wieder bedrohte der Borkenkäfer den Baumbestand. Um die Schäden in Grenzen zu halten, wurden die Tiere abgesammelt und gegen ein kleines Entgeld beim Forstamt abgeliefert.

Im böhmischen Erzgebirge, wo die Armut meist größer war als auf sächsischer Seite, war das für viele Familien ein willkommenes Zubrot. Deshalb erhielt der Käfer den sinnvollen Namen „Brotvater". Doch je fleißiger die Frauen, die diese Arbeit verrichteten, sammelten, desto schneller nahm ihre Zahl ab. Das gefiel den flinken Arbeiterinnen wenig, denn ohne Käfer keine Arbeit und kein Geld. Um dem abzuhelfen beschlossen sie, daß jede von ihnen nach getanem Tagwerk zwei der „nützlichen" Schädlinge wieder unter die Borke setzen sollte. Aber würde das funktionieren, sicherte es wirklich die Quelle ihrer bescheidenen Einkünfte? Bedenken und Zweifel blieben. Deshalb wandten sie sich vorsichtshalber noch an eine höhere Instanz. Sie baten den Pfarrer um ein Fürbittgebet für den „Brotvater". Man mußte ja nicht unbedingt erzählen, daß der „Brotvater" der Borkenkäfer ist.

Napoleon und Goethe in Altenberg

Mit dem Auftreten Napoleons (1769 - 1821) entstabilisierten sich in Europa die Machtverhältnisse. Zwar fanden sich England, Rußland und Österreich 1805 zu einem Bündnis gegen Frankreich zusammen, doch konnte das nicht wirksam gehalten werden. Napoleon eroberte Österrcich und Preußen, stieß nach Rußland vor und zwang Sachsen zum Stillhalten.

Nachdem 1813 Napoleon aus Rußland vertrieben auf dem Rückzug war, formierte sich ein schon lange schwelender Freiheitswille, der von der Krone Preußens erst sehr spät mitgetragen wurde. Als noch unentschlossener erwies sich Kurfürst Friedrich August (1750 - 1827). Ihm war es nicht möglich die Stunde zu nutzen und sein Zögern kostete Sachsen nach dem Wiener Kongreß die Teilung. Dieser schwachen Außenpolitik stand eine maßvolle Innenpolitik und eine sparsame Haushaltführung gegenüber. Die hohe Schuldenlast, die seine pompsüchtigen Vorgänger hinterlassen hatten, wurden unter seiner Regierung getilgt. Deshalb war es besonders schmerzlich, daß gerade während dieser Zeit das Land die Teilung hinnehmen mußte. Heute, nachdem knapp 200 Jahre über das Ereignis hinweggegangen sind, hat diese Tatsache für den einzelnen Bürger keinerlei Bedeutung mehr. Die Geschichte sorgte hier für den Ausgleich.

Doch zurück zum Kaiser der Franzosen.
Alle Wege zwischen Böhmen und Sachsen führen durch waldreiches Gebiet und erreichen auf der Kammlage des Gebirges etwa eine Höhe von 800 - 900 m. Anders der Nollendorfer Paß, der Teplitz mit Pirna verbindet. Er bleibt mit 679 m unter den anderen Pässen zurück und ist daher leichter zu überwinden. Das war wohl auch die Überlegung Napoleons, als er von Rußland kommend, diesen Weg nach Westen wählte.

Doch ereilte ihn eben an dieser Stelle eine weitere Niederlage. Denn Friedrich Graf Kleist von Nollendorf konnte am 29. und 30.8.1813 bei Kulm, nahe Aussig, einen Sieg über ihn erringen. Infolge dieser Kampfhandlungen wurden die Dörfer Breitenau und Fürstenau schwer beschädigt. Auf der Falkenhainer Höhe kam es zwischen französischen und russischen Truppen zu Gefechten, bei denen 47 russische Soldaten fielen. Die Zahl der getöteten französischen Soldaten ist nicht bekannt. Damit rückte das Kriegsgeschehen auch näher an die Bergstadt Altenberg heran. Im September trafen französische Truppenteile hier ein und plünderten in der Stadt. Sie erbrachen dabei die Sakristei, wo ihnen silberne und goldene Gerätschaften in die Hände fielen. Napoleon soll im Faktoreigebäude Quartier bezogen haben. Nach einigen Vorpostengefechten mit nachrückenden russischen Einheiten zogen die Franzosen nach Böhmen ab.

In diesen unruhigen Wochen erhielten die Orte Zinnwald und Altenberg den Besuch eines berühmten Mannes, ohne daß ihre Einwohner zunächst davon erfuhren. Es war Johann Wolfgang von Goethe (1749 - 1832).

Als Goethe 1775 durch Herzog Karl August (1757 - 1828) an den Weimarer Hof berufen wurde, war er erst 26 Jahre alt. Ausgestattet mit Titel und Amt eines Geheimen Rates entsprach diese Stellung der eines ersten Ministers. In seinen Kompetenzbereich gehörte auch die Beaufsichtigung der verschiedenen Grubenbetriebe. Diesem Interesse für Erze und Mineralien verdankten die Orte den Besuch. Dabei galt seine besondere Aufmerksamkeit dem in guten Rufe stehenden hiesigen Zinn. Goethe berichtet in seinem Tagebuch, wie er während einer Badekur 1813 von Teplitz aus nach Zinnwald und Altenberg reiste:

„Den 10. Juli 1813 fuhr ich gegen Abend von Teplitz ab, bis Eichwald findet man gute Chausseen, ich gelangte dahin in 3/4 Stunden. Durch das Dorf selbst ist der Weg schlecht und enge Spur, hinter demselben hat man vor kurzem den Weg bergauf dergestalt verbreitert und mit quergelegten Holzstämmen zur Ableitung des Wassers eingerichtet, daß er gar wohl verhältnismäßig für gut gelten kann, wenigstens leidet eine breite Spur keinen Anstoß, worauf doch in Gebirgen alles ankommt.

Um halb 8 Uhr war ich auf der Höhe von Zinnwald. Dieser Ort, durch welchen die Grenze zwischen Böhmen und Sachsen durchgeht, ist auf einem flachen Bergrücken mit zerstreuten Häusern weitläufig angelegt, die Wohnungen sind durch Wiesen getrennt, die den anstoßenden Besitzern gehören; hier sieht man wenig Bäume, und die Berghalden kündigen sich von Ferne an. Der bald auf bald absteigende Weg ist schlecht, und hier findet man wieder enge Spur.

Der Abend war sehr schön, der Himmel klar, die Sonne ging rein unter, und der Mond stand am Himmel. Ich kehrte in den Gasthof ein, der einem Fleischer gehörte und fand notdürftiges Unterkommen, ging noch auf die Halden, untersuchte die daselbst befindlichen Gangarten und unterhielt mich mit dem Steinschneider Mende, mit dem ich schon früher meine Ankunft verabredet hatte.

Den 11. Juli ging die Sonne am klarsten Himmel schon sehr früh auf. Mich wunderte, daß in einem keineswegs reinlichen und durch eine Fleischerwirtschaft noch mehr verunreinigtem Hause auch nicht eine Fliege zu finden war. Es scheint also, daß diese Berghöhen ihnen nicht zusagen.

Ich ging auf die Grube Vereinigt-Zwitterfeld und fand daselbst den Steiger mit seinen Leuten über Tage mit Ausklauben beschäftigt. Hier sondern sie den Zinnstein von den anhängenden Gangarten, vorzüglich vom Wolfram, der häufig vorkommt und beim Schmelzen Unheil macht. Der Schacht ist 48 Lachter tief, ebensoviel bringt auch der Stollen ein . . .

Nachdem ich mir Alles erklären und die genannten Produkte auf den Halden vorzeigen lassen, auch von jedem Musterstücke abgeschlagen, so begab ich mich mit dem Steinschneider in sein Haus. Außer einem kleinen Mineralienkabinett, das er für sich gesammelt hat, findet man bei ihm kleinere und größere Musterstücke von Produkten des Leitmeritzer Kreises, besonders von Allem, was sich auf die Pseudovulkane bezieht; er hat eine besondere Geschicklichkeit im Zuschlagen seiner Muster, die deswegen sauber und appetitlich aussehen.

Nun ging ich mit ihm abwärts gegen Nordwest, bis an das Stollenmundloch; unterwegs fanden wir viel aufgerissenes Erdreich, in kleinen Hügeln. Hier wurden vor alten Zeiten Tragflöze abgebaut, welche nah unter der Oberfläche lagen und zeigen, daß der ganze Berg zinnisch war, und das, was man Dammerde nennt, in den ältesten Zeiten unbedeutend.

Wir wanderten nun den Berggraben hin, welcher das Wasser dieser Höhen, wie es hier von den Pochwerken kommt, nach Altenberg leitet; er zieht sich wie gewöhnlich an dem Bergrücken her, und der Weg ist sehr angenehm, weil es immer durch Waldungen geht.

Ist man ungefähr eine halbe Stunde, so überschaut man die sich abstufenden Berge und Hügel zwischen hier und der Elbe. Den Fluß sieht man zwar nicht, aber die Bergreihen drüben bei klarem Wetter ganz deutlich. Der kleine Ort Geising wird zuerst im Tale sichtbar, die Häuser ziehen sich in dem engen Grund herauf. Nun öffnet sich der Blick nach Altenberg, und zwar sieht man zuerst eine hohe Felswand; diese ist aber nicht durch Natur, sondern durch jenen großen Erdfall, Erdbruch entstanden, wodurch viele Gruben zugrundegegangen.

Das Städtchen Altenberg liegt näher beisammen als Zinnwald, an einem sanften Abhange des Berges und ist nach sächsischer Art schon städtischer gebaut als jenes. Man sieht auch hier verschiedene Göpel. Der mit Fichten wohl bewachsene Geisingberg, welcher rechter Hand in einiger Entfernung hervorragt, gibt eine angenehme Ansicht.

Da ich auszuruhen wünschte, trat ich in die Kirche und fand die ganz Knappschaft in Putz und Ornat versammelt. Der Diakonus predigte in hergebrachten bergmännischen Phrasen; der Auszug aus der Kirche war nicht feierlich wie sonst, man bemerkte schöne Männer, besonders unter den Knappschaftsältesten, fast zu groß für Bergleute.

Wir besuchten einen Handelsmann, um ein Glas Wein zu trinken, diesen fanden wir in einer sonderbaren Beschäftigung. Er hatte nämlich einen Juden bei sich, wie sie mit Ferngläsern im Lande herumziehen; dieser stellte ein Mikroskop auf weil der Kaufmann die Insekten näher betrachten wollte, die ihm seine Käse leichter machen, seinen Reis mit Staub überziehen und die Rosinen verderben. Es kamen unter dem Vergrößerungsglas die abscheulichsten Tiere zum Vorschein, Mitteltiere zwischen Läusen und Käfern, durchscheinend am Leibe und den meisten Gliedern, übrigens grau; sie bewegten sich mit vieler Behendigkeit und waren von verschiedener Größe; man konnte auch ganz deutlich lange stilliegende Larven erkennen, aus denen sie hervorgehen mögen.

Man versicherte uns, daß diese Geschöpfe einen großen holländischen Käse in einigen Wochen um ein paar Pfund leichter machen; ein Mittel dagegen sei, aus Ziegelmehl einen feinen Brei zu bereiten und damit die Käse zu bestreichen; so blieben sie unangetastet. Die Ursache ist wohl, weil die Luft abgehalten wird, welche diese Geschöpfe zum Leben nötig haben.

Nun nehmen wir unseren Weg gegen die Pochwerke. Ich konnte die Steinhaufen, welche daneben aufgeschüttet waren, nicht begreifen; sie schienen aus taubem Gestein zu bestehen, wovon ich Musterstücke mitnahm und mich nach gehaltreicheren Stufen umsah. Allein ich war sehr verwundert, als ich bemerken mußte, daß diese sämmtlichen Steine, wie sie durcheinander lagen, zum Pochen bestimmt hierher gefahren worden.

Weil nun alle Bergleute nach dem Bergamte gezogen waren, und überhaupt heute nicht gearbeitet wurde, so war die Stadt wie ausgestorben und wir unseren Betrachtungen überlassen.

Mein Führer hatte ziemlich Kenntnis der Dinge, und ein alter Mann, der heranschlich, bestätigte seine Aussage, daß wirklich das ganze Gebirge zinnhaltig sei und selten einige Teile desselben vor anderen vorzuziehen. Es werde deshalb Alles auf die Pochwerke gebracht, deren sehr viele hinunter in dem Tale gegen Geising angebracht sind.

Wir gingen von einer Halde zur anderen und fanden sehr viele Abweichungen desselben Gesteins, die wir so lange auflasen und als Handstufen zerschlugen, bis wir zuletzt keine neuen Abänderungen mehr fanden. Wir traten darauf unseren Rückweg an, verfügten uns aber noch vorher an das Mundloch eines Versuchsstollens, den sie in der Gegend der Schmelzhütte betreiben; dort kommt ein schöner Porphyr vor, den sie Syenit-Porphyr nennen, weil rötliche Feldspatkrystalle in einem Grund von Hornblende liegen. Wir steigen nun soweit wieder aufwärts, bis wir den Berggraben erreichen, und gingen auf dem kühlen Wege ganz bequem zurück.

Vom Stollenmundloch an, den Zinnwalder kahlen Berg hinauf, hatten wir dagegen in der Mittagssonne einen beschwerlichen Weg und waren wohl zufrieden, als wir um ein Uhr in dem Gasthofe wieder anlangten.

Gegen Abend besuchte mich der Bergamtsassessor Friedrich August Schmidt von Altenberg, bedauerte, daß sie heute verhindert worden, wie sie gewünscht hätten mich zu empfangen, daß sie mit der Bergpredigt und dem Anschnitt beschäftigt gewesen, auch erst nach meiner Abreise meine Ankunft vernommen. Ich ersuchte ihn um einige Nachrichten, die er mir denn auch erteilte.

Sonntag, den 12. Juli bereitete ich mich früh um 6 Uhr zur Stollenfahrt, und dieses um so lieber, als der Steiger von der Grube Vereinigt-Zwitterfeld auch die Aufsicht über den Stollen hat. Ich fuhr bis zum Stollenmundloch im Wagen und fand daselbst den gedachten Steiger und Steinschneider.

Das erste Gestein, was man mit dem Stollen durchfahren hat, ist Porphyr, der seine Gleichzeitigkeit oder wenigstens sein baldiges Nachfolgen auf die Zinnformation dadurch beweißt, daß Zinnflöze noch in ihn hineinsetzen. Wir fuhren bis unter den Schacht von Vereinigt-Zwitterfelde, ungefähr 300 Lachtern . . .

Nachdem ich also vor Tische bei dem Steinschneider die Auswahl der mir interessanten Mineralien gemacht, so wurden selbe eingepackt. Ich fuhr um halb 3 Uhr ab und war 3/4 5 Uhr in Teplitz. Ein starkes Gewitter, welches von der Gegend über der Elbe heranzog, erreichte mich nicht, indem die Gebirge dem Zug der Wetter Hindernisse in den Weg legen.

Wenn man das Datum bemerkt, wie ich den 12.7. von dieser Höhe schied, so wird man verzeihen, daß ich einen mir so wichtigen Gegenstand nur flüchtig, ja verstohlen betrachtet. Es war während des Stillstandes, an welchem das Schicksal der Welt hing, ein Wagstück, nicht ohne leichtsinnige Kühnheit. Die Grenze von Sachsen und Böhmen geht durch Zinnwald durch; um den Mineralienhändler zu besuchen, mußte ich schon Sachsen betreten; Alles, was für mich bedeutend war, lag auf dieser Seite. Und nun gar die Wanderung nach Altenberg, dem Anscheine nach geheimnisvoll unternommen, hätte mir eigentlich übele Händel zuziehen sollen. Von sächsischer Seite war jedoch kein Mann zu sehen, Alles ruhte dort im tiefsten Frieden; die österreichischen Schildwachen mußten für unverfänglich halten, wenn man mit zwei Schimmeln über die Grenze führe; der Mauthner hatte auch nichts dagegen einzuwenden, und so kam ich glücklich zurück durch den Weg, den ich so gut fand, weil man ihn zum Transport der Artillerie gerade jetzt verbessert hatte.

Abends spät gelangte ich nach Teplitz, frank und frei, zu einigem Mißvergnügen einer heiteren Gesellschaft, welche schadenfroh gehofft hatte, mich für meine Verwegenheit bestraft, als Gefangenen eskordiert, vor den kommandierenden General, meinen hohen Gönner und Freund, den Fürsten Moritz Liechtenstein und seine so lieb und werte Umgebung gebracht zu sehen. Bedenke ich nun, daß diese ruhige Berggegend, die ich in dem vollkommensten Frieden, der aus meinem Tagebuch hervorleuchtet, verließ, schon am 27.8. von dem fürchterlichsten Rückzuge überschwemmt allen Schrecknissen des Krieges ausgesetzt, ihren Wohlstand auf lange Zeit zerstört sah, so darf ich den Genius segnen, der mich zu dem flüchtigen und doch unauslöschbaren Anschauen dieser Zustände trieb, die von so langer Zeit her das größte Interesse für mich gehabt hatten."

Die weiße Frau am Brautstock in Altenberg

Lange vor Goethes Aufenthalt in Altenberg kam es zu einer Begebenheit, die mit einem Rainstein in Verbindung gebracht, zur Legende gelangte. Die Geschichte wurde von Schönherr im Freiberger Anzeiger 1883 (No. 181) ausführlich und wie folgt beschrieben:

„Die weiße Frau am Brautstock in Altenberg."
„Der Weg durch die sogenannte lange Gasse in Altenberg, welche nach Zinnwald führt, wird vielfach begangen; man findet darin eine einfache unbearbeitete Porphyrsäule, der Brautstock genannt. Eingearbeitet sind die Jahreszahlen 1720 und 1820. Der Sage nach soll von Zeit zu Zeit und in gewissen Nächten eine weiß gekleidete Frau zu erblicken sein, welche am Stein seufzt, betet und dann zu versinken scheint. Im Anfange des vorigen Jahrhunderts soll unter seltsamen Umständen an dieser Stelle eine Vermählung stattgefunden haben. Ein im Duell verwundeter Offizier ließ sich hier die Geliebte antrauen und gab darauf sein Leben Gott zurück."

J. A. Köhler vermerkt dazu in seinem „Sagenbuch des Erzgebirges": „In Wirklichkeit dürfte der genannte Brautstock nichts anders als ein großer Rainstein sein, der bei der großen Verrainung vom Jahre 1716 zwischen der kurfürstlichen Waldung und derjenigen der Zwitterstockgewerkschaft zu Altenberg gesetzt wurde. Der Stein trägt zunächst das Waldzeichen letzterer Gewerkschaft, das Inpiterzeichen aus den Kalendern, welches einem lateinischen „Z" ähnelt, sodann die Rainziffer 53, nach Süden abermals das Inpiterzeichen und nach Westen ein lateinisches „A" (Staatsforstzeichen). Eine Inschrift führt der Brautstock nicht und doch ist derselbe schon seit Jahren unter diesem Namen als Grenzrainungsmarke in verschiedenen Karten und Fluraufrissen geführt worden." Dann führt Köhler weiter aus, daß der vorigen Sage nach von der weißen Frau am Brautstock, eine wirkliche Begebenheit zu Grunde liegt:

„Auf einer sumpfigen Waldwiese südlich von Peterswalde fand zu Anfang des vorigen Jahrhunderts ein Duell auf Kugeln statt, bei welchem der Garde-Capitän von Siemensky tödlich verwundet wurde. Seine Braut war in einem Wagen mit einem Arzt gefolgt und als letzterer äußerte, der Verwundete könne vielleicht noch gerettet werden, wenn es gelänge, die Kugel durch einen sachverständigen Beistand zu entfernen, wurde der Garde-Capitän in dem Wagen auf einer vierstündigen Fahrt über Schönwalde und Voitsdorf bis nahe vor Altenberg gebracht. Hier aber auf der steinigen Landstraße fühlte der Verwundete sein Ende herannahen und begehrte, daß ihn ein Geistlicher mit seiner Braut trauen sollte, um letztere in den ungeschmälerten Besitz seiner Güter zu setzen und ihre Ehre vor der Welt zu retten. Eilig wurde aus Altenberg der Pastor

Johann Georg Bretschneider geholt und dieser vollzog unter freiem Himmel die Trauung. Darauf verstarb von Siemensky. Seine angetraute Gattin starb bei der Geburt eines Knaben, welcher von einem Herrn von Nostitz erzogen wurde und später das Erbe seines im Duell getöteten Vaters antrat."

Forstleute haben später durch den einfachen Brautstock die Stelle bezeichnet, wo jene tragische Begebenheit der Vermählung im Angesicht des Todes sich ereignete.

Die Bergstadt Altenberg und die umliegenden Ortschaften

Zwei Berge bestimmen das landschaftliche Bild der nächsten Umgebung von Altenberg. Der Geisingberg erhebt sich mit 824 m, da er vulkanischen Ursprungs ist, als runde Basaltkuppe und entspricht damit der Bilderbuchvorstellung eines Berges. Er ist vom Ort aus in einer halben Stunde zu ersteigen. Um zum sich unauffällig in den Gebirgskamm einfügenden und damit weniger markanten Kahleberg zu gelangen, muß der Wanderer eine Höhe von 905 m erreichen. Nach geodätischer Vermessung ließ der „Mathematische Salon" von Dresden an seiner höchsten Stelle eine Porphyrsäule, „grüner Stein" genannt, errichten. 1867 wurde an diesem Platz ein Vermessungsturm gebaut. Von hier aus hat der Besucher einen unvergleichlichen Blick, der ihm bei günstiger Wetterlage ermöglicht die Berge der sächsischen Schweiz, die Gipfel Böhmens und das Riesengebirge zu sehen.

Eine Spukgeschichte, die um den Kahleberg angesiedelt ist, unserem heutigen Denken aber doch recht fern steht, hat Köhler in seinem „Sagenbuch des Erzgebirges" nacherzählt:

„Moosmännchen auf dem Kahleberg bei Altenberg."
„Auf der mitternächtlichen Seite des Kahleberges sind schon viele irre gegangen. Das geschah durch Moosmännchen, welche sich hier aufhielten und an gewissen Tagen besonders die Holzfäller neckten. Ein Holzfäller sah einmal ein solches Männchen. Es war klein und sein Gesicht war mit Moos überzogen. Der Holzhauer konnte es aber nur sehen, wenn er etwas seitlich blickte, wendete er sich eilig um, damit er es anredete, so war es verschwunden. Er sah es aber immer wieder von der Seite, wenn er weiterging. Auch die wilde Jagd hat man vielmals am Kahleberg gehört."

Wer einmal erlebt hat wie der Sturm über das Gebirge fegen kann, wie es donnert und kracht wenn die Bäume entwurzelt zu Boden stürzen oder wie dicke Nebelfelder über dem Land hängen und alles in diffuses Licht tauchen, dem wird diese Geschichte vielleicht verständlicher sein.

Die Gestalten der Moosmännchen und Moosweibchen finden sich im Sagenschatz des Erzgebirges ebenso wie in dem des Vogtlandes oder dem des Harzes. Es ist denkbar, daß Bergleute, die aus dem Harz zuzogen, die Erinnerung an diese mythischen Kräfte mitbrachten. Wie auch anderen Naturgeistern, waren ihnen Aufgaben bei der Betreuung von Erde, Wasser und Pflanzen zugewiesen. Doch zurück in die Welt der Menschen.

Um 1830 zählte Altenberg 2.300 Einwohner, damit hatte es nur noch 1/3 der Bevölkerungszahl, die in der Blütezeit des Bergbaues hier zu Hause war. Zusammen mit den umliegenden Ortschaften war es Sachsens menschenärmste Gegend geworden. Der ökonomische Rückgang und wiederholte Brände waren mit die Ursache, daß die Stadt ihre einstmalige Größe nie wieder erreichte. Allgemeine Armut prägte nun das Bild und konnte erst nach Einführung des Fremdenverkehrs gemildert werden.

Ein Brand zählte zu den großen Heimsuchungen. Durch die vorherrschende Holzbauweise gelang es selten der Ausbreitung des Feuers wirkungsvoll entgegenzutreten. Die leicht brennbaren Schindeln, mit denen die Häuser zum besseren Wetterschutz umkleidet waren, und die auch die Dächer bedeckten, förderten im Brandfall die Katastrophe.

1531 brannte fast der ganze Ort ab. Nur wenige Häuser und das Rathaus überstanden das Feuer. Und nur zwei Jahre später, am 18.9.1533 fielen erneut 171 Häuser den Flammen zum Opfer. Daß trotz der kurzen Zeitspanne, die zwischen den Bränden lag, eine so große Zahl an Heimstätten vernichtet wurde, läßt darauf schließen, daß die meisten der 1531 abgebrannten Häuser bereits wieder aufgebaut waren. Eine bittere Erfahrung nach zwei Sommern fleißiger Aufbauarbeit. Weitere Brände trafen die Stadt 1576, 1639 und 1675.

In der Nacht vom 5. zum 6.12.1862 war es einmal anders. Da brannte nur das Rathaus ab, wobei alle Akten und Urkunden der Gemeinde mit vernichtet wurden. 1864 / 65 wurde es mit einem Kostenaufwand von 7.240 Talern wieder errichtet. Doch noch bevor es bezogen werden konnte, kam es am 17.1.1864 zu einem erneuten Brand. Viele Privathäuser, die Apotheke, das Pfarramt und das Bergamtsgebäude mit seinem reichen Archiv, der Stufensammlung und der Knappschaftsfahne wurden betroffen. Löscharbeiten konnten durch die herrschende Kälte und einen heftigen Sturm nur unzureichend durchgeführt werden.

Zwei Jahre später brach am Vormittag des 31.3.1866 im Gasthaus „Zum Löwen" Feuer aus. Durch seine zentrale Lage war ein Brand an dieser Stelle sehr gefährlich. So standen auch in kurzer Zeit 24 Wohnhäuser, viele Hintergebäude, eine Scheune, die Kirche, der abseitsstehende Glockenturm, das Diakonat und der Gasthof „Ratskeller" in Flammen. Der Südsturm hatte für eine schnelle Ausbreitung gesorgt. Dadurch wurden 52 meist arme Bergmannsfamilien, zusammen 200 Personen, obdachlos. Sie konnten durch die rasche Verbreitung des Feuers nur retten, was sie bei sich trugen. Eine zu ihren Gunsten veranstaltete Sammlung erbrachte, neben reichlich Naturalien und Kleidung, 32.520,- Mark. Weitere 4.800,- Mark sammelte die Kreishauptmannschaft Dresden. Dieser Betrag sollte beim Wiederaufbau von Kirche und Häusern mit verwendet werden.

Aber alle diese Brände, so hart sie auch für die Betroffenen waren, waren nicht zu vergleichen mit jener schrecklichen Feuersnacht vom 23. zum 24.5.1889. Als kurz nach 22 Uhr Alarm gegeben wurde, wälzte sich eine riesige Lohe über den Wald an der Geisinger Straße herauf. Über viele Kilometer leuchtete ihr Widerschein. In der zwitterstockgewerkschaftlichen Pochmühle Nr. 12 war auf nicht ermittelte Weise Feuer entstanden. Gepeitscht von dem seit dem frühen Morgen wehenden Südwind, gewann es rasch an Umfang. Dieser Sturm hat ja leider auch bei vorherigen Bränden eine verhängnisvolle Rolle gespielt. Die Flammen züngelten von Baum zu Baum und trieben durch den Staatswald, der sich damals dicht durch den Grund des Tiefenbaches zog. Die dort befindlichen Schmelzhütten und Aufbereitungsanlagen waren schnell verloren, denn der um die Köpfe der Rettungsmannschaft wirbelnde Funkenregen machte Gegenmaßnahmen unmöglich. Das Verbleiben der Löschwilligen zwischen den Brandstellen war nutzlos und nicht länger zu verantworten. Erst unterhalb des Friedhofes, bei der 4. Zinnwäsche, konnten Mannschaft und Spritzen wieder eingesetzt werden. Aber näher und näher brauste das Flammenmeer, alles verschlingend was es erfassen konnte. Das ganze Tal war eine Feuerlohe. Nun war auch dem Zuversichtlichsten klar, daß die Stadt vor einer schrecklichen Katastrophe stand. Altenberg lag vor dem Wind und die wütende Flammenwand trieb weiter mit großer Geschwindigkeit bergan. Die ganze Gefahr erkennend verließen viele Feuerwehrmänner die Brandstätte, um ihren Angehörigen Hilfe zu leisten. Jeder versuchte so viel als möglich zu retten. Was Hände hatte zog, schob und zerrte seine Habe, auf Karren geladen, stadtaufwärts. Mitten in dieser Panik ertönte ein neuer Schreckensruf, denn die Flammen hatten bereits die Mühlenstraße erreicht. Die Funken hatten das Kadnersche Haus am Kirchhof entzündet, und es brannte lichterloh. In dieser kritischen Lage kam Hilfe von der Lauensteiner Feuerwehr. Sie führten einen Schlauch den steilen Hang hinauf, und es gelang ihren verzweifelten Anstrengungen, den gefährlichen Herd zu löschen. Plötzlich drehte der Wind auf Nordost. Mit vereinten Kräften, unter Ausnutzung der günstigen Veränderungen und wahrlich in allerletzter Minute gelang es nun, dem Wüten zu begegnen.

Verkohlte Schindel bedeckten bis zu den Galgenteichen und dem Geisingberg das Gelände. Die sonst so klare Bergluft war rußig und von Brandgeruch geschwängert. 11 große Pochwäschen mit 1.200 Pochstempeln, 9 Stoßherdwäschen, eine Schmelzhütte, eine Scheune mit großem Holzlager, 2 Rösthäuser und mehrere Nebengebäude mit dem gesamten Inventar, das war der Schaden dieser Nacht. „Aber es hätte weit schlimmer kommen können", werden die Einwohner am nächsten Morgen trotz allem gesagt haben. Wenigstens die Stadt war geblieben!

Damit Altenberg nicht aus der Übung kam, brannte es 4 Tage später schon wieder. Die ehemalige Beck'sche Zündholzfabrik stand in Flammen, sie befand sich im unteren Stadtteil. Doch dem entschlossenen Zugreifen von Feuerwehr und Bevölkerung war es zu danken, daß der Brandherd nicht um sich greifen konnte. Durch den Verlust des großen Hauses waren wieder 6 arme Familien, zusammen 39 Personen, obdachlos geworden.

Die sich in wenigen Jahren wiederholenden Stadtbrände waren vielleicht mit Ursache dafür, daß der Altenberger Feuerwehr der Ruf sehr schneller Einsatzbereitschaft vorausging. Sie hatte einfach zu viel Übung! Doch wurde solche Eile nicht immer geschätzt.

Spritzenmann

In den grenznahen Dörfern auf böhmischer Seite standen in der ersten Hälfte des 20. Jahrhunderts noch viele baufällige Hof- und Wohnhäuser. Deren Inhaber hätten diese wohl gern durch modernere Bauten ersetzt, doch fehlten dafür meist die Mittel. Gab es nun ein starkes Gewitter, was im Erzgebirge häufig der Fall ist, so lauschten die Einheimischen schon darauf, ob die schrillen Töne des Feueralarms zu hören seien. Nicht selten schlugen dann die Flammen vor Einschlagen des Blitzes aus einem alten Haus. Man wollte die Frage also versicherungsrechtlich lösen.

Während der Hilfeleistung seitens der sächsischen Feuerwehren blieb der Schlagbaum stets oben. Die Grenzregelungen wurden sehr liberal gehandhabt. Das betraf auch den kleinen Grenzverkehr, der recht großzügig kontrolliert wurde. Jedermann konnte die Grenze passieren, um in Böhmen sein Bier oder in Sachsen seinen Kaffee zu trinken. Obwohl dabei der Schmuggel, oder das „Paschen", wie der Erzgebirgler sagt, reichlich praktiziert wurde. Denn schließlich erhöhte solche Betätigung den Reiz eines Ausfluges ins andere Land.

Es ist erstaunlich, daß es trotz politischer und konfessioneller Unterschiede nicht zu einer Entfremdung oder gar zu Spannungen seitens der Grenzbewohner kam, sondern es bestanden vielerlei freundschaftliche und familiäre Bindungen. Man lebte in guter Nachbarschaft. Erst nachdem die nationalen Bestrebungen der Tschechen und ab 1933 die der Deutschen stärker wurden, verschloß sich die Grenze fester. Und nach Proklamierung der „Völkerfreundschaft" wurde sie für lange Zeit zur fast undurchdringlichen Mauer.

Doch zurück zum Mittelpunkt des Berichtes:
Als Theodor Körner 1809 von Freiberg kommend Altenberg besuchte und dabei den Geisingberg bestieg, schrieb er anschließend in sein Tagebuch: „ ... von dieser Seite (dem Geisingberg aus) macht sich das sonst erbärmliche Altenberg wegen der großen Pinge ... recht romantisch, sonst ist es das ärgste Nest, das Gott hat bauen lassen."

In dieser Zeit waren die öffentlichen Einrichtungen des Ortes meistens für die benachbarten Dörfer mit zuständig. So betreute das aus besseren wirtschaftlichen Jahren überkommene Bergamt auch die Bergbaugemeinden Glashütte und Berggießhübel mit.

Dem Amtsgericht waren die 70 Einwohner von Hirschsprung, das malerisch gelegene Rehefeld mit 95 Bewohnern und Bärenburg mit 80 Einwohnern angeschlossen. Diese drei Dörfer wurden im 19. Jahrhundert noch nicht als selbständige Gemeinden geführt. Bis dahin galten sie als Rittergüter, da sie, wie an anderer Stelle schon erwähnt, ehemals Vorwerke des Schloßes Bärenstein waren. Weiter waren Dorf Bärenstein mit 130 Bewohnern, Schellerhau mit 360 Personen und das Walddorf Zaunhaus mit 130 Einwohnern dem Amte Altenberg zugeteilt. Die Postverwaltung war dagegen nur für den Ort selbst und Hirschsprung zuständig.

Eigentümlich sind den hier ansässigen Menschen eine gewisse Schlagfertigkeit und Pfiffigkeit, die durch viele Anekdoten belegt ist. Fast jeder Ort verfügte über ein oder mehrere Originale dieser Art. Ein paar Anekdoten seien deshalb hier angeführt:

Im Stadtteil „Polen", der auf zugiger Höhe oberhalb der Pinge liegt, lebte in der Zeit zwischen den beiden Weltkriegen Otto Heber mit seiner Frau Alwine. Der Mann war klein von Wuchs, witzig, respektlos gegenüber der Obrigkeit und eher in einer Kneipe als bei einer sinnvollen Arbeit anzutreffen. Von den Einheimischen wurde er nur mit seinem Spitznamen „Prinz" angesprochen. Als den nicht mehr ganz jungen Eheleuten ein Kind geboren wurde, erfuhren das die verblüfften Mitbewohner aus ihrer Heimatzeitung durch folgendes Inserat: „Polen ist noch nicht verloren - uns ist ein neuer Prinz geboren."

Ein weiteres Original war Kurt Friebel, der mit seiner Frau Emma und einigen Kindern ein Häuschen in der Bachstraße bewohnte. Er war, wie so viele Erzgebirgler, ebenfalls sehr klein und versuchte diesen Mangel durch einen gravitätischen Gang und ein stolzes Gehabe auszugleichen, deshalb war er mit dem Spitznamen „Baron" bedacht. Eines Tages ging Friebel zum Kaufmann Erich Höhne, um Besorgungen zu machen. Wie noch heute, so konnte man auch damals in dem Laden alles erwerben, was Mensch und Haus benötigten. Höhne neigte dazu Grimassen zu schneiden und wurde von den zungenfertigen Einheimischen deshalb „Äffchen" genannt. Als nun Friebel das Geschäft betreten hatte, wendete sich Höhne gewollt unterwürfig mit der Frage an ihn: „Was wünschen denn der Baron?" Worauf Friebel konterte: „Zehn kleine Äffchen."

Hirschsprung

Mit der Bergstadt auf das engste verbunden und heute eingemeindet ist der kleine Ort Hirschsprung. Seine weitverstreuten Häuser liegen entlang einer steil abfallenden Straße, an deren Ende im tiefen Grunde sich ein Sägewerk befindet. In seinem oberen Teil lag der Gasthof „Buschhaus". Das war eine beliebte Ausflugsgaststätte, die auch Übernachtungsmöglichkeiten bot. Bewirtschaftet wurde sie in den Jahren, die ich dort lebte, von der Familie Börner.

Der Hauswirt, Martin Börner, war eine farbige Gestalt. Das unterstrich er durch eine eigenwillige Kleidung. Über Hose und Hemd trug er eine blaue Latzschürze, seinen Hals schmückte ein buntes Tüchlein und den Kopf zierte ein schwarzes Käppchen. So angetan, zog er sogleich die Aufmerksamkeit neu ankommender Gäste auf sich. Aber sein herausragendes Talent war das Erzählen von Lügengeschichten. Das machte er so spannend, daß sich meist willige Zuhörer fanden. Dabei wendete er sich gern an Personen, die ortsfremd waren und sich das Dasein im rauhen Erzgebirge nur als Überlebenstraining für Hartgesottene vorstellen konnten. Eine seiner oft erzählten Geschichten ging etwa so:

Er, der Martin, habe eines frühen, kalten Wintertages mit dem ersten Zug von Altenberg nach Dresden fahren wollen. Auf dem Fußweg zum Bahnhof, der etwa einen Kilometer lang ist und ein Stück entlang des Waldes führt, sei ihm durch hohen Schnee ein Hirsch gefolgt. Dieser Hirsch, so der Martin, habe sich gewiß aus seinem Rucksack etwas Freßbares erhofft. Als er des abends aus der Residenz heimkehrte, stand zu seiner Verblüffung der Hirsch noch immer am Waldesrand. Martin, von der Not des Tieres gerührt, wollte ihn endlich aus seinem Vorrat versorgen. Doch stellte er beim Näherkommen fest, daß der Hirsch inzwischen festgefroren war!

Die Einheimischen animierten ihn oft, doch ein bißchen zu erzählen. Wenn es dann aber gar zu bunt wurde, hieß es: „Ach Martin, es wäre doch zu schade, wenn die schöne Geschichte nicht wahr wäre."

In diesen Jahren gab es in den Wäldern noch einen großen Wildreichtum. Deshalb zählte ein Besuch bei der herbstlichen Hirschbrunft zu den üblichen Vergnügungen. Um den Lockrufen zu lauschen, bezog man im Morgengrauen in größter Stille einen Platz im Revier. Martin platzierte seine Gäste meist in unmittelbarer Nähe zum Buschhaus, welches ja völlig von Wald umgeben war. Blieben die Hirsche dort aus, so half er auf seine Weise nach. Er hockte sich in die nächste Schonung und pustete durch eine Gießkanne. Das machte er so gekonnt, daß wohl auch geübtere Ohren als die der Großstädter daraus den Schrei der Brünftigen zu hören glaubten. Beeindruckt und erfreut über das Vernommene kehrten dann alle in die Herberge zurück.

Die anschließende Spukgeschichte, die auf Hirschsprunger Flur spielt, hat G. Heilfurth gesammelt und nacherzählt:

„Das verlassene Bergwerk als unheimlicher Ort"

„Unterhalb der Rauschermühle liegen die Ruinen einer alten Pochmühle, die einst zu der wegen geringer Ausbeute aufgelassenen Grube „Zinnkluft" an der Galgenleite gehörte. In der verlassenen und halb verfallenen Mühle ging es um. Ein Scharfrichter hatte den Geist des verstorbenen Besitzers des heute verschwundenen Mendenvorwerkes dort hin verbannt, weil dieser wegen seiner begangenen Freveltaten keine Ruhe im Grabe finden konnte. Das Gespenst erschien in einem roten Mantel, wie ihn der Vorwerksbesitzer einst bei Lebzeiten getragen hatte, stieg um Mitternacht auf das Dach der Pochmühle und schreckte den nächtlichen Wanderer mit schauerlichem Geheul. Um den Geist zur Ruhe zu bringen, wurde die Pochmühle abgebrochen. Aus den Bausteinen errichtete man ein Haus in Hirschsprung, in welchem es nachher auch umgegangen sein soll."

Oberbärenburg

Oberhalb von Hirschsprung liegt das ehemalige Forstgut Oberbärenburg. Heute ist es ein ruhiger, von Wald umschlossener Kurort. In seinen damals gepflegten Beherbergungsbetrieben hat mancher prominente Gast gewohnt. Zwischen 1840 - 54 besuchte König Friedrich August II. mehrmals den Ort, um die auf den umliegenden Gebirgswiesen stehenden Orchideen zu studieren. Da seine Gemahlin, eine bayerische Prinzessin, die Sommerwochen auf Schloß Pillnitz verbrachte, ließ er als Gruß jeden Abend um 21 Uhr eine Rakete steigen.

Die Paradies-Fundgrube

Eine Spukgeschichte, die in der Waldgegend unterhalb des Kahleberges zwischen Altenberg und Rehefeld spielt, führt uns zu der Einkehrstätte „Paradies-Fundgrube". Das einsame Haus liegt etwa auf halbem Wege zwischen den beiden Orten. Die Geschichte wird von Gießler in „Sächsische Volkssagen" nacherzählt:

„Die grüne Frau zwischen Altenberg und Zaunhaus"
„Auf der Straße zwischen Altenberg und Zaunhaus, in der Nähe des Kahleberges gesellt sich nach der Sage manchmal eine schweigsame, dunkelgrün und nach längst vergessener Mode gekleidete Frau zu dem Wanderer, geht neben ihm her, ohne ihm Rede zu stehen, biegt auch wohl auf einen sonst nicht sehr betretenen Waldweg ein und verschwindet daselbst. Dieselbe zeigt sich zumeist nach Eintreten der Abenddämmerung, seltener des Nachts, ist aber auch schon im Morgengrauen bemerkt worden. Ein Mann erzählte, daß er in seiner Jugend, als er am frühesten Morgen der verbotenen Lust des Vogelstellens in der Nähe der Paradies-Fundgrube nachgehen wollte, einer lustwandelnden Dame begegnete, die er höflich begrüßt und anredete, da er selbige für die alte Schwester des damaligen Bergmeisters hielt. Der junge Mann erhielt keine Antwort. Die Frau ging an ihm vorbei, in einen Waldweg hinein und verschwand dort."

Die Paradies-Fundgrube war früher ein erzfördernder Schacht, der wegen zu geringer Ausbeute wieder aufgegeben wurde. 1873 erwarb der Staat das alte Gebäude, um es jeweils einem Forstinvaliden als Wohnung zuzuweisen. Das war nun wahrhaft eine paradiesische Einsamkeit, denn selbst die nächstliegenden Orte waren mehrere Kilometer davon entfernt. Doch hat auch solche Abgeschiedenheit ihren Vorteil, wenn man ihn zu nutzen weiß. Dies bewies ein Inhaber des Hauses, als er seine bescheidene Stube in eine kleine Einkehrstätte umwandelte. So verhalf sich der Wirt zu einem bescheidenen Einkommen und bot dem Wanderer willkommene Rast. Denn noch mußten Reisende, wollten sie in das westliche Erzgebirge oder den Chemnitzer Raum gelangen, bis nach Hermsdorf-Rehefeld laufen. Erst von dort aus fuhr die 1873 erbaute Eisenbahn. Aber das war ein langer Anmarsch. Darüber hinaus kehrten auch Spaziergänger, Beeren- oder Pilzsammler gern dort ein. In den zwanziger Jahren war der „alte Walter" der Inhaber, der ein grantiger, poltriger Mann war. Drolligerweise hieß er mit Vornamen Adam und seine Frau Eva, was recht gut zum Paradies paßte. Prof. O. Eduard Schmidt aus Hirschsprung, der Verfasser des Buches „Kursächsische Streifzüge" beschreibt eine solche Einkehr, die ich hier zitiere: „... Der letzte Insasse des Paradieses, der alte Walter, machte sich bei der Ausübung einer kleinen Gastwirtschaft einen Namen durch seine urwüchsige Grobheit. Wehe dem Gast, der etwa, während die Wirtin in Altenberg

Einkäufe besorgte, einen Kaffee zu bekommen wünschte. Ich habe selbst die Erfahrung gemacht, als ich einmal für meine durch eine große Wanderung ermattete Frau beim alten Walter eine solche Herzstärkung bestellte und mich nicht gleich von der Unmöglichkeit, den Wunsch zu erfüllen, überzeugen ließ. Mit zwei kurzen Sätzen gelangte der Biedere zur Schlußformel, und diese lautete: „Ner naus, ner naus!"

Eines Nachmittags entlud sich ein schweres Gewitter und alle, die in der Nähe des Paradieses unterwegs waren, suchten dort Schutz. So war der kleine Raum bereits voller Menschen, als drei Jäger in die Gaststube traten. Einer von ihnen, ganz offenbar an bevorzugte Behandlung gewöhnt, forderte etwas dringlich Bedienung. Die beiden Walters, die dem plötzlichen Andrang kaum gewachsen waren, reagierten auf ihre Art, und der Adam knurrte die drei an: „Bei uns kommt immer hübsch eener nach dem andern." Nun, die Gäste fügten sich. Doch bald wurde einer der drei Herren, der dem Geschehen bisher schweigend zugesehen hatte, von den Gästen als der sächsische König erkannt.

Da das Haus „Wettin" in Rehefeld ein Jagdschloß unterhielt, kam dort häufig königlicher Besuch. Dieser letzte Sachsenkönig, Friedrich August III. (1865 - 1932) regierte von 1904 - 1918. Als er nach Beendigung des ersten Weltkrieges gezwungen wurde, Thron und Land aufzugeben, verabschiedete er sich mit dem bekannt gewordenen Ausspruch: „Da macht nur Euern Dreck alleene". Er war beim Volk außerordentlich beliebt. Im privaten Bereich mußte er jedoch auch unerfreuliche Erfahrungen hinnehmen. Seine Gemahlin, eine toscanische Prinzessin, verließ ihn wegen des italienischen Musiklehrers der königlichen Kinder. Das war jener Musikus, der uns die noch immer gespielte Toselli - Serenade hinterließ.

Einmal traf der König bei einem seiner Pirschgänge in diesem Gebiet auf Waldarbeiter, die dabei waren, ihr mitgebrachtes Essen zu verzehren. Er begann ein Gespräch mit ihnen und fragte sie schließlich: „Wißt Ihr denn auch wer ich bin?" Was die Männer verneinten. „Ich bin Euer König", sagte seine Majestät. Worauf einer der Waldarbeiter antwortete: „Und ich bin der Kaiser aus Rehefeld". Er hatte sich damit ganz korrekt vorgestellt.

Da die nachfolgende Geschichte für diesen König so typisch ist, möchte ich sie hier anführen, obwohl sie in einem Zusammenhang steht, der zeitlich über das Ende dieses Berichtes hinausgeht.

Es war in den ersten Jahren nach dem Zweiten Weltkrieg, als Graf von Saurma, der keine erkennbaren Beziehungen zum hiesigen Raum hatte, hierher kam. Er begann einen Handwerksbetrieb einzurichten, der sich mit der Reparatur von Radioapparaten befaßte. Saurma mag damals etwas über 40 Jahre alt gewesen sein, groß, schlank, von weltmännischer Gewandtheit und mit glänzenden Verbindungen. Daß sich dieser Mann in dem zerstörten Altenberg niederließ und einem solchen Broterwerb nachging, mußte verwundern. Doch liegt die Antwort vielleicht gerade in der Wahl des Gewerbes wie der des Ortes, um eine, von mir angenommene nachrichtendienstliche Tätigkeit ausüben zu können. Jedenfalls war das ganze Unternehmen, selbst für diese schwierige und an allem Mangel leidende Zeit, äußerst unzulänglich und dürftig ausgestattet. Zum Beispiel mußten die bei ihm beschäftigten Gehilfen, wollten sie arbeiten, ihr eigenes Handwerkszeug mitbringen. Zum Transport der Radios benutzte der Graf einen alten Handwagen, an dem eine Holztafel hing, auf der zukunftsweisend zu lesen stand: „Erzgebirgische Rundfunkindustrie Wagen Nr. 1".

Saurma war Schlesier und stammte aus Schloß Warmbrunn nahe Breslau. Bei einem seiner Besuche im Hause meiner Eltern erzählte er die Geschichte, wie anläßlich einer Waldbesitzertagung in Breslau von seiner Familie zur Jagd geladen wurde. Der Graf und sein Bruder, beide noch Kinder, durften in Begleitung ihrer Gouvernante, dem Ereignis beiwohnen. Unter den Gästen befand sich auch der sächsische König.

Die Toiletten des Jagdhauses waren noch ländlich - sittlich. Sie lagen außerhalb des Gebäudes und waren durch das bekannte Herz in der Tür gekennzeichnet. Der König hatte den Ort aufgesucht, den Riegel aber außer acht gelassen. Die Gouvernante, von dem gleichen Bedürfnis bedrängt, stand nun konsterniert vor dem ungewohnten Anblick und rührte sich nicht. Doch der König löste die Spannung auf seine Art in dem er sagte: „Also, meine Gutste, entweder kommen Sie rein oder bleiben Sie draußen, jedenfalls machen wir jetzt mal'n biss'l die Tür zu."

Doch zurück zu den Ortschaften des östlichen Erzgebirges.

Schellerhau

Entlang seiner nicht endenwollenden Dorfstraße liegen zwischen Feldern und Wiesen, die unauffälligen schindelgedeckten Häuser von Schellerhau. Nur selten finden sich zwei Bauten zu nachbarschaftlicher Gemeinschaft zusammen. An die sanften Hänge geduckt, halten sie durch Garten und Feld Abstand.

Bis zur Jahrhundertwende lebten seine Bewohner von der Forstarbeit oder von den geringen Erträgen, die eine in dieser Höhenlage betriebenen Landwirtschaft erbrachte. Dazu kamen noch Sammelerträge die Wald und Flur lieferten. Noch war der Reichtum an Pflanzen und Früchten groß, so daß jeder ein Zubrot ernten und mit nach Hause tragen konnte. Erhebliche Mengen an Heidelbeeren, Preiselbeeren und Moosbeeren gingen von hier aus an die weiterverarbeitenden Betriebe nach Magdeburg. Und in noch größerem Maße wurde Isländisch Moos gesammelt und verkauft.

Wie Schellerhau entstanden ist, steht in Köhlers „Sagenbuch":
„Wie der Teufel Schellerhau verlor"
„Man hat eine Redensart, womit man die Bewohner des langgestreckten, aus zerstreut liegenden Häusern bestehenden Dorfes Schellerhau neckt: „Euch Schellerhauer hat der Teufel im Sack verloren!" Dies rührt davon her: Der Teufel fuhr einmal durch die Luft und hatte ganz Schellerhau in einem Sack. Der Sack jedoch hatte ein Loch, so fiel ein Haus nach dem anderen herab zur Erde. Wie nun der Teufel merkte, daß der Sack so leicht geworden war, weil er fast ganz Schellerhau verloren hatte, da warf er ihn im Ärger hin und rief: „Zum Schinder!" So entstand dort, wo der Sack ganz am Ende des Dorfes nieder gefallen war, die „Schinderei", wie man allgemein die Abdeckerei nannte. In diese „Schinderei" mußte jedes gefallene Stück Vieh abgeliefert werden. Die an dieser Stelle liegende „Schinderbrücke" führt noch heute diese Bezeichnung."

Historisch ist, daß beim Abstecken und Anlegen des ehemaligen Vorwerkes ein Altenberger namens Schelle maßgeblich beteiligt war. Von dessen Namen ist die Ortsbezeichnung wahrscheinlich abgeleitet worden.

Kipsdorf

Eine steile kurvenreiche Straße, die in früheren Zeiten vom Autofahrer gefürchtete „Baukarre", führt hinunter in das Tal der Roten Weißeritz. Dort liegt, von mächtigen Fichten und Tannen umgeben, der kleine Kurort Kipsdorf mit seinen schmucken, gepflegten Häusern.

Hier endet die von Tharandt über Hainsberg führende Bahnlinie. Als der Verkehrsanschluß noch nicht bis Altenberg hergestellt war, wurde diese Strecke auch von Fahrgästen benutzt, die in die höher gelegenen Orte des Gebirges reisten. Ab Kipsdorf mußte in die Postkutsche oder im Winter in die Pferdeschlitten umgestiegen werden.

Schmiedeberg

Der nächste Ort flußabwärts ist Schmiedeberg. In diesem Gebiet wurde schon früh Eisenerz entdeckt und zu seiner Weiterverarbeitung ein Hammerwerk errichtet, das mindestens seit 1412 bekannt ist. Der Eisenhammer ging 1694 in den Besitz der Altenberger Zwittergewerkschaft über. Dem Werk blieb eine wechselvolle Geschichte nicht erspart. Es besteht noch heute und wurde nach 1945 ein sogenannter volkseigener Betrieb.

Beachtenswert an Schmiedeberg ist die dortige Kirche. Sie wurde von dem berühmten Barockbaumeister Georg Bähr zwischen 1713 - 16 erbaut. Bekannt geworden ist Bähr vor allem als Erbauer der Dresdner Frauenkirche. 1666 in Fürstenwalde geboren ist er ein Sohn dieser Landschaft.

Dippoldiswalde

Noch weiter abwärts am selben Fluß liegt die Kreisstadt Dippoldiswalde. Die kaolinhaltige Erde, die in diesem Raum vorhanden war, ermöglichte ihren Bewohnern die Herstellung von Tonwaren. Über Jahrhunderte wurde Gebrauchsgeschirr aller Art gefertigt, später spezialisierte man sich auf tönerne Puppen und anderes tönernes Spielzeug. Seit dem Beginn der Industrialisierung liefert Dippoldiswalde landwirtschaftliche Maschinen. Außerdem beherbergt der Ort eine Müllerschule, die meines Wissens mindestens bis zum Zweiten Weltkrieg die einzige in Deutschland war.

Bereits im Jahre 1266 führte Dippoldiswalde vor dem Markgrafen von Meißen aus marktrechtlichen Gründen Beschwerde gegen Freiberg, wie wir aus überkommenen Urkunden entnehmen können. Das Stadtrecht wurde dem Ort 1363 zugesprochen. 1503 verkaufte Herzog Georg Stadt und Burg an die Familie von Maltitz, die es bis 1568 in Besitz hielt. In dieser Zeit wurde das imposante Rathaus erbaut. Später ging der Besitz an den Kurfürsten August, der die bisherige Burg zum Schloß erweitern ließ und es als Jagdsitz benutzte. Heute ist es der behördliche Mittelpunkt des Kreises und dient als Kreisamt.

Ein einheitliches Bild romanischer Baukunst bietet die schlichte Nikolaikirche, die fast unverändert erhalten geblieben ist. Die zweite Kirche von Dippoldiswalde wurde bei dem Hussiteneinfall zerstört. Auf ihrem Fundament erbaute man unter Einbeziehung der noch vorhandenen Mauerreste eine Hallenkirche. Die Stadt wurde im 30jährigen Krieg, ebenso wie Altenberg, durch die Truppen des wallensteinischen Marschalls Holk verheert.

Eine Nacherzählung aus Köhlers „Sagenbuch" berichtet aus längst vergangenen Tagen:

„Ein altes Recht der Töpfer von Dippoldiswalde"

„Dresden war einmal von der Pest heimgesucht, so daß alle umwohnenden die Stadt mieden und die Märkte unbesucht blieben. Eine Ausnahme davon machten die Schachtelmacher von Seiffen und die Töpfer von Dippoldiswalde. Dieselben besuchten auch während der Zeit, da die Krankheit viele Einwohner hinwegraffte, die Märkte der Stadt und boten ihre Waren feil. Daher erhielten insbesondere die Töpfer von Dippoldiswalde das Recht, auch fernerhin frei und ungehindert diese Märkte besuchen zu dürfen. Später wurde ihnen solches Privileg von dem Kurfürsten wiederholt und unter anderem auch von August dem Starken bestätigt, jedoch mit dem Zusatz, daß jeder Meister nur einen Korb voll Waren mitbringen und nur „einen Sonnenschein lang", also einen Tag lang, verkaufen dürfe."

In den Jahren 933 - 960 hat, etwas nördlich der heutigen Stadt, ein Einsiedler namens Dippold gelebt. Sein Anliegen war, in diesem Gebiet das Christentum zu verbreiten. Von ihm erhielt die später gegründete Siedlung ihren Namen. Dieser fromme Mann fand durch sein segensreiches Wirken und den Trost, den er den Menschen durch die neue Lehre brachte, viel Beachtung. Sein Ruf drang bis nach Böhmen, wo er den Sohn des Herzogs erreichte. Dieser suchte den Klausner auf, um über eine gewisse Zeit sein Schüler zu werden. Es handelt sich hierbei um den späteren Bolislav II., der Fromme genannt. Er regierte von 967 - 971 in Böhmen und führte dort das Christentum ein.

Der „Walkpudel", von dem nun die Rede ist, soll zuweilen noch heute zu sehen sein. Die Nacherzählung steht ebenfalls in Köhlers „Sagenbuch":

„Der Walkpudel"
„Auf dem Walksteig zwischen Dippoldiswalde und Ulberndorf läßt sich zuweilen ein schwarzer Pudel mit feurigen Augen sehen, den die Umwohnenden Walk- oder Waldpudel nennen"

Leider erfährt man nichts darüber welche Bedeutung die Erscheinung hat.

Freiberg

Zwischen dem verkehrsmäßig entfernt liegenden Freiberg und Altenberg bestanden seit Jahrhunderten enge Verflechtungen. Der Bergbau verband die beiden Städte und die sich daraus ergebenden Interessen überdauerten bis heute. Freiberg ist in vieler Hinsicht eine bemerkenswerte Stadt, die in der Literatur und heimatlichen Denkmalkunde vielfache Würdigung fand. Ich beschränke mich hier auf einen Bericht, der teils nach Freiberg, teils nach Thüringen gehört. Der Inhalt dieser Geschichte beschäftigte bis in meine Jugendzeit die im Lande umherziehenden Puppenspieler, und sie hatte als „Prinzenraub von Altenburg" einen festen Platz in deren Spielplänen. Damit bewirkten sie, daß die Begebenheit den Menschen in Erinnerung blieb.

Der historische Ablauf führt uns zurück zu den Anfängen sächsischer Geschichte. Verwaltet und regiert wurde das Land durch das Herrschergeschlecht der Wettiner. Ab 1089 sicherten und erweiterten sie zunächst als Markgrafen von Meißen diesen Besitz. 1423 erhielten sie die Kurwürde. Ein Zweig der Familie residierte auf Schloß Altenburg in Thüringen.

Zur Zeit des folgenden Geschehens waren das Herzog Friedrich und seine Frau Margarete mit ihren beiden Söhnen Ernst und Albert. Kämmerer ihres Schlosses war Kunz von Kauffungen. Er hatte unrechtmäßig Landbesitz an sich gebracht und wurde daraufhin vom Herzog zur Rückgabe gezwungen. Kauffungen wollte sich damit jedoch nicht abfinden und sann auf Rache. Mit gedungenen Helfern schlich er eines Nachts in das Schloß, um die herzoglichen Kinder zu rauben. Jedoch hatten sie nur Ernst und seinen kleinen Spielgefährten, Graf von Barby, ergriffen. Albert war es gelungen, sich unter seinem Bett zu verstecken. Als sie ihren Fehler bemerkten, waren sie bereits außerhalb des Schloßbereiches. Sie kehrten um, und es gelang ihnen, nun auch den Prinzen Albert in ihre Gewalt zu bringen.

Die Soldaten des Herzogs nahmen die Verfolgung auf, und noch bevor die Räuber die Grenze nach Böhmen erreicht hatten, wurden sie gefaßt. Kunz von Kauffungen fand auf dem Freiberger Marktplatz ein unrühmliches Ende. Vom dortigen Rathaus hängt er - noch immer! - seinen Kopf aus dem Fenster und bleckt die Zunge.

Für interessierte Leser schließt sich eine Nacherzählung aus Köhlers „Sagenbuch" an:

„Die Befreiung der geraubten Prinzen Albert und Ernst"
„Nach dem K. von Kauffungen mit seinen Genossen in der Nacht vom 7. zum 8. Juli 1455 die beiden Prinzen Albert und Ernst aus dem Schloß Altenburg geraubt hatte, setzte er den erstgenannten Prinzen auf ein gut gesatteltes Roß und führte ihn bei finsterer Nacht nach dem Lande Böhmen zu, erstlich durch die Leine, so ein Wald oder Holz bei Altenburg gelegen, ferner durch die Rabensteiner Wälder bis nach Elterlein, um die Gegend des Klosters Grünhain, dahin er bei aufgehendem Mondschein gegen Morgen gekommen, vermeinend, nun mit seinem hohen Gefangenen leicht vollend nach Böhmen zu gelangen. Die anderen haben den Prinzen Ernst auch auf ein Roß gesetzt und zwischen sich einen anderen Weg davon geführt, willens ihn durch das Vogt- und Frankenland durch einen anderen Strich in ihren Gewahrsam zu bringen. Denn sie hatten sich dessen zuvor mit anderen verglichen, diesen Raub durch unterschiedliche Wege wegzubringen und obschon ein Teil seinen gefangenen Herrn nicht eher von sich geben, es wäre ihnen denn allen das Leben und Straffreiheit zugesagt.

Unterdessen ist auf dem Schloß zu Altenburg ein groß Wehklagen, bei den Hofleuten aber ein großer Schrecken entstanden. Man hat durch einen Eilboten gen Leipzig dem Kurfürsten zu wissen getan, dem anfänglich diese Tat fast unglaublich vorgekommen. So haben die Hofleute auch nicht gesäumt, sondern von Stund an in alle Gegenden geschickt, sind auch zum Teil selbst ausgeritten, den Sturmschlag in allen Städten und Dörfern angehen zu lassen, dadurch das ganze Land rege geworden, sintemal immer eines dem andern auf frischem Fuße gefolgt, auch den Nachbarn zu wissen getan und alle Straßen belegt. Im Städtchen Geyer ist von den heftigen Glockenschlägen über diesem Sturm die Glocke zersprungen. Solchen Sturmschlag und Nacheilen hat K. von Kauffungen wohl gehört, weil er aber bei Mittagszeit den Wald erreicht, verhofft er davon zu kommen. Da er nun nicht über eine halbe Meile bis zur böhmischen Grenze gehabt, hat es Gott sonderlich geschickt, daß den jungen Herrn, Prinz Albert sehr gehungert und gedurstet, welches er Kunz geklagt: Wo er nicht zu essen und zu trinken bekäme, würde er Krankheit halber nicht weiter kommen können, sondern müsse liegen bleiben. Solches besorgte Kunz, sintemal er ihn vor Mitternacht bis nun fast gegen Mittagszeit auf einem schnell trabenden Roß geführt. Deswegen behielt er einen Reiter bei sich und stieg vom Pferd ab, in Mangel anderer Speise dem Prinz im Walde Erdbeeren abzupflücken. Seine anderen Reiter, deren fünf gewesen, hieß er ein wenig auf den Halt voranreiten, er aber spazierte im Wald mit dem Prinzen ein wenig abseits, Erdbeeren suchen. In diesem Wald arbeiteten unterschiedliche Köhler. Von denen war ein Junge, namens Urban Schmidt, gen Geyer geschickt worden, einen Korb voll Brot, Salz und andere nötige Dinge zu holen. Dieser Junge hatte das Anschlagen der Glocken gehört, dazu vernommen, wie die große Glocke von gemeldeten Stürmen geborsten und die Rede gegangen, es hätte der Feind zu Altenburg einen Einfall getan, das Schloß erstiegen und einen großen Raub vollführt. Weil man nun dazumal von keinem Krieg wußte, der Junge auch nicht mehr erzählen konnte, so gerieten die Wäldler und Köhler in große Verwunderung und Bestürzung.

Dazwischen begab sichs, in dem K. von Kauffungen mit dem Prinzen und seinen Reitern über dem Erdbeersuchen etwas tiefer vom Wege ab in den Wald spazierten und am Fürstenberg, der dann von dieser Geschichte seinen Namen bekommen, daß durch sonderbare Schickung Gottes ein Köhler mit Namen Schmidt, welcher in der Gegend bei Grünhain und dem Dorfe Raschau Kohlen bereitete, im Walde sich umzusehen daher kam und seinen Hund bei sich hatte. Dieser Hund wird fremden Leuten inne, schlug also bellend an und führte seinen Herrn, den Köhler, welcher einen dichten Schürbaum als Waldgewehr in der Hand hatte, an den Ort. Dieser Köhler sieht, daß Kunz ein Panzerhemd anhat, auch ein Pferd an der Hand führt, dazu, daß der bei ihm befindliche Knabe schön, zart und adliger Gebärden. Lässet sich daher bedünken, es möge nicht recht zugehen und fragt trotzig, wie es Wäldler Art ist, von woher er mit dem Knaben komme und wohin er wolle. Darauf Kunz antwortet: Es sei ein böser Bube, der seinem Herrn entlaufen, dem müsse er ihn wiederbringen. Wie sie aber miteinander fortgehen, fällt Kunz in dem Gestrüpp, Gebüsch oder Hecken, darinnen er mit seinen langen Sporen hängenblieb und konnte wegen der schweren Rüstung und das er das Roß an der Hand nicht wollte fahren lassen, nicht wieder aufkommen. Da er also liegt, spricht Prinz Albert heimlich zum Köhler: Ich bin ein Fürst von Sachsen, mache mich los, mein Vater soll dirs wohl vergelten. Darauf Jan Schweinitz, Kunzes Reisiger, sein Schwert über dem Prinzen gezogen, daß nicht viel gefehlt, er hätte ihn umgebracht. Sobald der Köhler solches vernommen, auch des Reiters Ernst gesehen, erinnert er sich der oben gemeldeten Zeitung, die der Junge von Geyer mitgebracht, glaubt des Prinzen Rede, spricht dem Reiter ernstlich zu, solche Gewalt bleiben zu lassen, hetzt seinen Hund an, welcher sich sehr laut macht, Schweinitz anfällt und stattlich zurückhält. Er aber hat mit seinem Schürbaume auf Kunzen, welcher wegen seiner Rüstung nicht flugs hat aufstehen können, so wohl als auf den Reiter tapfer zugeschlagen, hätte auch vielleicht Kunze totgeschmissen, wenn nicht der Prinz treulich gewehret und für ihn gebeten. Da nun der Köhler sich mit Mund und Händen sehr geregt, der Hund auch trefflich gebellt, läuft des Köhlers Weib aus dem Kohlenkrame herzu und sieht, was für ein Streit da ist. Als sie ihren Mann auf Kunz schlagen sieht, denkt sie, es seien Räuber und gibt das gewöhnliche Waldzeichen, so die Köhler im Gebrauch hatten, daß sie mit einem großen Messer oder Twörper auf eine Holzaxt schlagen. Hierauf liefen alsbald andere Köhler mit Äxten und Schürbäumen zu, nahmen Kunz und seinen Begleiter gefangen, den Prinzen führten sie in einen Kohlkram, gaben ihm schwarz Brot zu essen und Wasser zu trinken, zeigten es auch unverzüglich der Obrigkeit, nämlich dem Abte des Klosters Grünhain an, welcher alsbald Befehl gab, die vorangeschickten fünf Reiter auch aufzusuchen und also geschah es, daß noch diesen Tag, welcher war Kiliantag, Kunz von Kauffungen mit sechs seiner Gesellen in gefängliche Haft gebracht wurden. Diese Gefangenen überantwortete der Abt noch den selben Tag dem Oberamtmann von Schönburg auf Glauchau und Hartenstein nach Zwickau, welcher sie festsetzen und die übrigen ferner verfolgen ließ.

Die übrigen Prinzenräuber, Wilhelm von Mosen, Wilhelm von Schönfels und andere, welche den Prinzen Ernst mit sich führten, hatten versucht beim Pfarrherrn zu Hartenstein einzusprechen, allein der Pfarrherr war nicht daheim und sie konnten deshalb keine andere Zuflucht finden, als daß sie sich in den Wald nahe bei der Mulde, über dem Schloße Stein, in eine entlegene Höhle oder Steinkluft versteckten. Denn sie hörten den Sturmschlag und konnten aus dem Getümmel die Verfolgung wohl ermessen. Zu dem brach das Geschrei, daß Kunz und etliche seiner Reiter gefangen und der junge Prinz erlöset wäre, geschwind aus, welches sie meisterlich erkundeten, auch besorgten, es möchte ihnen gleichfalls nicht anders ergehen, denn die Pferde waren bereits angejagt und guter Rat teuer. In solcher Gefahr vergaßen sie des gemachten Vergleichs und waren entschlossen, sich mit dem Prinzen auf kurfürstliche Gnade zu ergeben. Deswegen schickten sie einen vertrauten Boten zum Oberamtmann nach Zwickau, dem sie schrieben, sie bereuten ihre Tat und hätten den Prinzen unversehrt bei sich. Wenn ihnen von dem Kurfürsten Sicherung ihres Lebens, ihre Ehre und ihres Gutes zugesagt werde, so wollten sie den Prinzen ausliefern, wo nicht, so würden sie denselben zuerst und dann sich selbst töten. Der Oberamtmann Friedrich von Schönburg sicherte ihnen dies darauf bei seinem „adligen Ehren und Treun" zu und so lieferten sie den Prinzen am 11. Juli an denselben ab, der ihn dann seinen Eltern nach Chemnitz überbrachte."

Gewiß ist diese Erzählung seiner tatsächlichen Begebenheit nach ausgeschmückt worden. Wenn auch dem Köhler Schmidt der maßgebliche Verdienst bei der Gefangennahme K. von Kauffungen zukam, so gibt es andere Berichte, wie die Chronik von Altzella, in der es weniger dramatisch zugeht. Doch kehren wir zurück in den äußersten Osten des Gebirges.

Wappen von Geising

Geising

Nicht weit unterhalb der Kammlage beginnt im Geisinggrund das Müglitztal. Etwas oberhalb davon schmiegt sich in einen fast runden Talkessel die geschlossene kleine Stadt Geising. Der Ort erhielt 1451 Stadtrecht, jedoch ist der Erzabbau älter. Sein Name weist auf eine Zinnschmelze hin. Die Schmelzhütten nannte man Geussen, das Zinn wurde geussig - flüssig. Später wurde aus Geußing Geising. Vor 1850 hatte die Stadt 650 Einwohner und diese Zahl konnte sich nach 1900 auf 1.330 erhöhen.

Die Aufschließung des Geisinggrundes, der sich entlang des Geisingbaches hinzieht, schreibt man dem bereits genannten Hans Münzer aus Lauenstein zu. In dem Grund befindet sich am Abhang des Geisingberges ein Basaltsteinbruch, der vom Ort aus betrieben wurde. Leider ist eine erfreuliche Einrichtung lange verschwunden und vergessen. Das ist das Brauhaus, das für das heimische Bier sorgte, während aus Altenberg der dazu gehörige Kräuterlikör kam.

Eine in der Vergangenheit bekannte Unternehmerfamilie, die in der Blütezeit des Bergbaues hier ansässig war, waren die Kölbels. Innerhalb von 200 Jahren brachten sie es zu außerordentlichen Reichtum und konnten ihren Besitzstand bis nach Graupen ausweiten.

Zwei Geisinger Söhne wurden Thomaskantoren in Leipzig. Der Ältere, der diesen Platz besetzte, war J. Schelle, er starb 1700. Der Jüngere, J. Kuhnau (1685 - 1722), war der Vorgänger von Johann Sebastian Bach (1685 - 1750) und gewiß auch der Bedeutendere. Mit Nino Neidhardt lebte bis nach 1945 erneut ein schöpferischer Musikus in den Mauern des Ortes.

Nicht hier geboren, aber doch ein Leben lang ansässig war der Kunstmaler Heribert Fischer. Neben Aquarellen und Ölbildern schuf er Holzschnitte von großem Reiz, in denen er den herben Charakter der Landschaft, wie die einfache Bauweise erzgebirgischer Häuser darstellte. Später stellte er auch kunstgewerbliche Arbeiten aus verschiedensten Materialien her. Sein Schaffen war vielseitig.

Anders als bei H. Fischer spiegelt sich bei dem aus Geising stammenden Maler Ewald Schönberg (1882 - 1949) Verzicht und Entbehrung in seinen Bildern wieder. Seine Motive sind stets sparsam, großflächig und voller Ernst. Soziale Aussage, ja Anklage, ist sein Thema. Ähnlich wie bei Käthe Kollwitz steht der Betrachter betroffen vor diesen Arbeiten.

Genannt sei hier noch der begabte Schnitzer, Siegfried Urbank, der in einem Waldarbeiter-Häus'l in Hirschsprung geboren wurde. Er heiratete in die geachtete Familie Walther nach Geising. Seine sehr unterschiedlichen, vielfältigen Arbeiten zeichnete ein schöpferischer Individualismus aus. Alle die ihn kannten, setzten große Hoffnungen in seine künstlerische Zukunft. Vielleicht war diese ihm entgegengebrachte Erwartungshaltung mit ein Grund für sein frühes tragisches Ende.

Die Müglitz

Vom Mückenberg kommend sucht die Müglitz ihren Weg zu Tal über Geising. Oberhalb des Ortes trägt ihr der von den Altenberger Zinnwäschen gerötete Tiefenbach seine Wasser zu und bestimmt von da ab ihre Färbung. Das meist wenig Wasser führende aber schnell fließende Flüßchen durcheilt ein malerisches Tal bis es bei Mügeln in die Elbe mündet. So, wie alle anderen Flüsse aus diesem Gebiet ebenfalls in die Elbe führen. Doch ist sie nicht zu allen Zeiten ein harmloses Wasser. Nach der Schneeschmelze oder wenn sich im Sommer längeranhaltende Niederschläge über dem Gebirgskamm entladen, kann sich das Bild der Idylle schnell wandeln. Das trifft ebenso für die Rote - wie die Wilde Weißeritz und die Gottleuba zu. Sie werden alle von einer Vielzahl kleiner Flüßchen und Bäche gespeist, die dann eine mehrfache Wassermasse in diese Flüsse tragen. Durch das starke Gefälle, das die Wasser von der Kammlage aus in den ersten Kilometern abwärts durcheilen, erhöht sich ihre Fließgeschwindigkeit. Sind nun größere Niederschlagsmengen niedergegangen, so verstärkt sich die Gefahr eines Hochwassers für die tieferliegenden Ortschaften. Denn dann werden aus den lustig springenden Flüssen schnell reißende Fluten.

Mitverantwortlich für die sich wiederholten Hochwasser waren alte Sünden, denn durch die radikale Abholzung des Waldes im Mittelalter war die erste Voraussetzung für ein solches Geschehen geschaffen. Da die Niederschlagsmenge im Erzgebirge etwa doppelt so hoch ist wie im Elbtal oder in Nordböhmen, ist eine Gefährdung schnell gegeben. Eine solche Situation entstand in den Jahren 1887, 1957 und 1958, als nach wolkenbruchartigen Regenfällen die Wassermassen zu Tale stürzten und erhebliche Schäden verursachten. Aber diese Flutwellen waren nicht zu vergleichen mit der meterhohen Wasserwand, die am 8.7.1927 zu einer Katastrophe führte. Das Müglitz- und Gottleubatal waren damals davon betroffen. Eine Woge der Gewalt wälzte sich durch beide Täler und riß Lagerholz, Brückenpfeiler, Bäume, Telegrafenmasten, Gleise und Waggons mit sich. Das Wasser zerstörte die im Tal liegenden Bahnhofsgebäude und Häuser und trug Stallungen samt dem Vieh fort.

In „Mitteilungen Landesverein sächsischer Heimatschutz" berichtet Georg Marschner über den Beginn des Unwetters aus dem Oelsengrund (das ist das Gebiet Sattelberg - Gottleuba, Anm.) „... Um den stillen Weiler spannte sich am 8.7. ein blauer Himmel. Die Heuernte hatte begonnen. Gegen 16 Uhr ballten sich dunkle Wolken am Horizont. Einzelne Regentropfen fielen, und alle suchten eilig die Ernte einzubringen. Sehr schnell wird klar, daß mit einem Unwetter zu rechnen ist. Blitz, Donner und Regen verstärkt sich in kurzer Zeit zu einem gewaltigen Wolkenbruch. Drei volle Stunden lang stürzen die Wassermassen zu Tal. Vergeblich bemüht man sich die einzelnen Mühlen und Ortschaften im tiefer liegenden Tal telefonisch zu benachrichtigen - aber der Fernsprecher bleibt stumm. Die Fernsprechleitung Gottleuba führte über Lauenstein durch das Müglitztal. Sie war längst zerstört. Als das Unwetter abklingt, sind die Flüsse von Gottleuba und Müglitz ohne die bisher begleitende Vegetation. Strauch und Baum trugen die Wasser als Treibholz bergab. Die Stromleitungen waren zerstört. Nach kurzer Pause beginnen erneut Gewitter und wachsen zu ungekannter Stärke, gegen 23 Uhr erreichen sie schließlich ihren Höhepunkt. Nun offenbart sich die ganze Katastrophe, die Schreckensnacht war vorrüber."
158 Tote waren zu beklagen.

Lauenstein

Der nächste Ort, in dem man flußabwärts gelangt, ist das Städtchen Lauenstein. Schloß und Ort gehörten zeitweise zur Herrschaft Bärenstein und gingen dann für 300 Jahre in Besitz und Einflußnahme der Herren von Bünau. Diese Herrschaft umfasste zunächst auch Geising, Zinnwald und weitere neun Rodungsdörfer. Um 1340 bestanden hier drei Eisenwerke, deren Produkte durch ihre gute Qualität sehr gesucht waren. 1487 begann der Zinnabbau, der sich bis zum Ende des 18. Jahrhunderts halten konnte. Um 1840 zählte der Ort 600 Einwohner, diese Zahl konnte sich bis 1900 auf 870 Einwohner erhöhen.

Auf seinem steil abfallenden Marktplatz steht als Wahrzeichen des Städtchens der Falknerbrunnen und die 1596 erbaute Kirche. In der darin befindlichen Bünau'schen Gruft steht der Betrachter einem gut erhaltenen und in seiner Ausführung bedeutenden frühen Barockwerk aus heimischen Sandstein gegenüber.

Oberhalb Lauensteins beginnt der Einstieg in den Trebnitzgrund. Hier findet der Wanderer abseits von Straße und Ortschaften eine heute selten gewordene Stille. Für unsere Familie war der Weg in diese zauberhafte Idylle der beliebteste Sommerspaziergang. Von einem habgierigen Müller, dessen Gemüt die Sanftheit der Natur offenbar nicht zu beeinflussen vermochte, erzählt die anschließende Sage:

„Die wüste Mühle im Trebnitzgrund"

„In das in der Nähe von Lauenstein liegende Dorf Dittersdorf ist auch das Dörfchen Neudörfel eingepfarrt, welches früher nur ein einziges Vorwerk war, zu dem der unweit davon im Grunde gelegene Eisenhammer, jetzt die Herrenmühle, gehörte. Beide Grundstücke waren vor langen Jahren im Besitz eines gewissen Pressel, der zwar ein reicher, aber ebenso habsüchtiger Mann war, dem alle Mittel recht waren, wenn sie nur zur Vergrößerung seines Mammons dienten. Erst ging derselbe in die Liebenauer Kirche, wohin das Vorwerk früher gepfarrt war, zur Kommunion und sah, wie der Lauensteiner Schösser ein funkelnagelneues Goldstück als Opferpfennig auf den Altar legte. Da gab ihm der Teufel den bösen Gedanken ein, sich dieses Goldstückes zu bemächtigen. Er wartete also, bis alle Kommunikanten an den Altar getreten waren, und als er nun als Letzter hinzutrat, um die Hostie zu empfangen, stahl er mit gewandter Hand das Goldstück vom Altar. Der Geistliche hatte jedoch diesen Frevel bemerkt, und als nun Pressel auf der anderen Seite des Altars den Kelch empfangen sollte, zog jener ihn zurück, verkündete öffentlich seine Schandtat und verfluchte ihn. Pressel wankte nach Hause, allein der Schreck und die Reue warfen ihn aufs Krankenlager, von dem er nicht wieder aufstand. Als nun aber einige Tage darauf in früher Morgenstunde ihn seine Hammerknechte nach Liebenau zu Grabe trugen, überraschte sie beim Eingang des Trebnitzgrundes ein plötzliches Donnerwetter. Sie stellten den Sarg am Rande einer Wiese ab und flüchteten in die im Grunde gelegene Mühle. Als nach einem furchtbaren Donnerschlage das Gewitter sich verzogen hatte und sie aus der Mühle heraustraten, um den Leichenkondukt wieder fortzusetzen, war der Sarg spurlos verschwunden und man glaubte, daß der Teufel denselben samt dem Inhalt entführt habe. Seit dieser Zeit erblickt man jede Mitternacht den Schatten des alten Pressel, der nach der Mühle zu umherirrt und mit schaurigem Geheul seine Leichenträger sucht und sie bittet, ihn doch zur Ruhe zu bringen. Durch diesen Spuk kam aber auch die Mühle selbst in Verruf. Niemand wollte dort mehr mahlen lassen und noch weniger hatte jemand in ihr Ruhe, weshalb es kam, daß sie bald von ihren Bewohnern verlassen ward und als Ruine für alle Zeiten von dieser schauerlichen Geschichte Kunde gibt."

Glashütte

Glashütte ist ähnlich wie Altenberg durch viele Katastrophen gegangen. Krieg und Brände zerstörten öfters noch als in anderen Orten Hab und Gut seiner Bewohner. Seinen Namen hat es vom Glaskopfschmelzen. Der Glaskopf ist ein Eisen- oder Manganerz, das in Hohlräumen als halbkugeliges Aggregat auftritt. Seit 1458 bestand ein Eisenhammer. 1490 kam es zur Ortsgründung und 1506 wurde das Stadtrecht erteilt. Bis zum 18. Jahrhundert wurde Bergbau betrieben, wobei Silber, Zinn und Eisenerz gefördert wurde. Am Ort arbeiteten mehrere Glashütten, und die Stadt hatte ein eigenes Bergamt.

Seine Bedeutung, ja seinen Weltruhm erlangt es jedoch auf andere Weise, und der bleibt verbunden mit dem Namen Lange. Ferdinand Adolf Lange war ein unternehmungsfreudiger Dresdner Uhrmacher. 1845 beabsichtigte er im Erzgebirge eine Taschenuhrenfabrik zu gründen. Da er dazu finanzielle Staatsbeihilfe erhielt, bestimmte die Regierung in Dresden die ärmste Stadt als Standort. Die außerordentliche Tüchtigkeit dieses Mannes bewirkte, daß sein Vorhaben einen sehr erfolgreichen Verlauf nahm. Die Qualität der hier erzeugten Uhren erfuhr eine weltweite Beachtung. Noch heute füllen Suchanzeigen nach diesen Liebhaberobjekten die einschlägigen Zeitungen. Sie werden von Sammlern aus aller Welt begehrt und erzielen respektable Preise.

Nach und nach siedelten sich weitere Fabriken zur Herstellung von Uhren, für feinmechanische Instrumente und für elektrische Apparate an. Um 1900 hatte Glashütte 2.500 Einwohner. Bis in unsere Tage ist der Ort ein gesuchter Arbeitgeber für die geschickten, handwerksfleißigen Bewohner der ganzen Umgebung.

Georgenfeld und Zinnwald

Verfolgt man die Landstraße von Altenberg aus in südöstlicher Richtung zur nahen Grenze, so erreicht man nach etwa 3,5 km Georgenfeld. Hier fällt dem Betrachter eine Reihe von Häuschen auf, die in gleicher Größe, gleicher Ausrichtung und gleichem Abstand voneinander stehen. Diese Siedlung wurde 1728 mit Unterstützung der Regierung für die zugezogenen Exulanten erbaut. Dem Zustrom dieser kirchentreuen Menschen verdankt der Ort auch sein 1908/09 erbautes Gotteshaus. Deshalb wurde von der Georgenfelder Kirche nur als von der Exulantenkirche gesprochen.

Oberhalb dieser auffälligen Häuserzeile liegt, vom Wald umschlossen, das 11 Hektar große Hochmoor. Es ist wie alle Hochmoore dadurch entstanden, daß üppig wachsende Moose nach einer Vegetationsperiode versinken, und auf diesem Niveau die neue einjährige Pflanzengeneration siedelt. Dadurch wuchs es, im Gegensatz zum ebenen Niedermoor, uhrglasförmig über den Grundwasserspiegel hinaus. Auf seinem nährstoffarmen Boden gedeihen Pflanzen, die den sumpfigen Grund bevorzugen. Alle zusammen bilden sie eine typische Hochmoorvegetation. Da wachsen die Sauergräser, die Binsen, Moosbeeren, Tränkelbeeren, der Sumpfporst und der Sonnentau. Das beliebte Wollgras steht dort, aber auch niedrigwachsende Sträucher oder die Krummholzkiefer und die Moorbirke sind anzutreffen. Bedroht ist die seltene Pflanzengemeinschaft durch die immer gegebene Gefahr einer Austrocknung oder Verlandung des Moores. Seit 1926 ist es als Naturschutzgebiet ausgewiesen und damit der Torfgewinnung entzogen. Viele Besucher finden in den kurzen Sommerwochen den Weg dorthin, und für die Mehrzahl von ihnen wird es die einzige Begegnung mit einem Hochmoor bleiben. Hoffen wir auf seine Erhaltung!

Die Gründung des älteren Teiles von Georgenfeld im Jahre 1670 geht auf den Bergbau zurück. Die Häuser dieses Ortsteiles liegen weit auseinander und verbinden sich mit dem ebenfalls als Streusiedlung angelegten Zinnwald.

Bevor der Ort Zinnwald gegründet wurde, gab es hier seit 1378 Abbauversuche. Etwa um 1450 wurden in größerem Ausmaße Funde gemacht und noch um 1750 arbeiteten 200 Bergleute in den Gruben. Bis in die 30er Jahre dieses Jahrhunderts wurde Zinnwald durch mehrere Abraumhalden gekennzeichnet, auf denen schön auskristallisierte faustgroße Quarze zu finden waren. Heute würden diese Stücke in jede Mineraliensammlung aufgenommen, doch damals fanden sie wenig Beachtung. Wir Kinder haben sie allerdings gerne und mit Fleiß gesammelt, so wie alle Kinder gerne Steine sammeln.

Mitten durch die Siedlung verläuft die Landesgrenze, die böhmisch von sächsisch Zinnwald trennt. Gemeinsam ist beiden Ortsteilen, daß sie auf einer freien windungeschützten Hochfläche liegen. Kahlfläche, Kammlage und Wasserscheide bewirken hier ein sehr rauhes Klima. Davon geben auch die Ebereschen Zeugnis, die sich als einzeln stehende Chausseebäume stark neigen, um sich den Windverhältnissen anzupassen. An dafür geeigneten Wintertagen, wenn die Luftfeuchtigkeit ausreicht, kommt es durch die genannten Faktoren zu einer Rauhreifbildung von überwältigender Schönheit. Rauhreifbildungen von solchem Zauber kennt nur das Riesengebirge und das Erzgebirge. Damit entschädigt die Natur die hier Wohnenden für manche Unbilden und Härten des Wetters. Zusammen mit Georgenfeld gilt Zinnwald im schneereichen Erzgebirge als schneesicherster Ort. Und manchmal kommt die weiße Pracht auch zur Unzeit so wie 1928. Als Anläßlich der Ausweisung der Exulanten vor 200 Jahren ein Gottesdienst stattfand, ging ein stundenlanges Schnee- und Graupelwetter nieder. Und das war am 17. Juni! Über die Entstehung von Zinnwald gibt es bei G. Heilfurth eine gut nacherzählte Sage:

„Als der Ruf von Graupens Erzreichtum weit über die Grenzen gedrungen war und auch Bergarbeiter von nah und fern da Verdienst und Arbeit, oft auch Reichtum fanden, kamen auch drei deutsche Bergleute aus Sachsen über die Grenze, um da ihr Glück zu versuchen. Die drei Brüder begannen im Knödler Revier zu schürfen, fanden reiche Erzadern und bald gab ihre Zeche, St. Regina, reiche Ausbeute. Ihr Reichtum wuchs von Tag zu Tag und die Ausbeute an Silber schien unerschöpflich. Doch trotz ihres Reichtums waren die Brüder fromm und arbeitsam geblieben, taten den Armen viel Gutes und unterstützten Kirchen und Klöster. -- Doch die schier unerschöpflich scheinende Ausbeute wurde nach und nach geringer und plötzlich war das Silber wie verschwunden, und alle Arbeit, neue Silbergänge zu erschließen, waren vergebens. Sie versuchten ihr Glück immer wieder von Neuem, die Zubuße wurde immer größer und schließlich mußten sie Haus und Hof verkaufen. Doch trotzdem sie schließlich ihr ganzes Vermögen zugesetzt hatten, alle kostspieligen Versuche, alle Mühe und Arbeit brachte keinen Erfolg. Endlich hatte die Zeche all ihr Hab und Gut verschlungen, sie besaßen nichts mehr, das sie hätten zu neuen Versuchen opfern können. Trotzdem zog es sie immer wieder zu ihrem Schachte. Sie erzählten sich gegenseitig, daß sich ihre Frauen geweigert hätten, auch ihren Schmuck zu opfern und starrten sich gegenseitig an. Endlich begann der jüngste der Brüder zu erzählen, er hätte in der vergangenen Nacht einen merkwürdigen Traum gehabt. Ihm träumte, er hätte ganz allein in ihrem Schacht gearbeitet, da rief ihm eine Stimme „Glück auf" zu und als er aufblickte, sei ein kleines graues Männchen, wie ein Bergmann mit einem Grubenlichte, vor ihm gestanden und habe ihn gefragt, was er da tue. Er habe ihm von ihren Sorgen erzählt, wie sie bereits erfolglos ihr ganzes Vermögen zugesetzt hätten und das er nun nochmals versuchen wolle, die einst ergiebige Erzader wiederzufinden. Kopfschüttelnd erwiderte nun das graue Männchen, daß er sie schon lange beobachte und ihnen rate, die Arbeit hier aufzugeben, da ihr Glück sie verlassen habe.

Sie sollten weiter ins Gebirge gehen, bis zu einem Platze, den er ihm näher beschrieb, dort würden sie ihr Glück wiederfinden. Das Männchen sei hierauf nach einem weiteren Bergmannsgruß verschwunden.

Von neuer Hoffnung erfüllt, machten sich die Brüder am nächsten Morgen auf den Weg und fanden auf dem Kamm des Gebirges beim Nachsuchen zutage liegende Gänge mit Zinnstein. Sie wollten da gleich einschlagen und berieten hin und her, wo es denn am vorteilhaftesten wäre. Da stand plötzlich das graue Männlein vor ihnen, sah sie lächelnd an und sagte: „Was ihr aber für drei wunderliche Köpfe seid." Dann war es wieder verschwunden. Sie merkten, daß ihnen der Berggeist wohl wollte und schlugen nun genau an dieser Stelle ein, an der derselbe verschwunden war. Sie arbeiteten nun voll Eifer darauflos und in kurzem hatten sie eine mächtige Zinnader angeschlagen. Sie gründeten dort eine neue Zeche, die sie Zeche zu den drei wunderlichen Köpfen nannten. -- Als sie ihr Glück in Graupen verkündeten, zogen alsbald auch andere Bergleute hinauf, um dort zu schürfen. Da sich ergab, daß die ganze Gegend reich an Zinn sei, so nannten sie den Wald Zinnwald und gab auch der neu entstandenen Ortschaft den Namen. Die drei Brüder aber hatten tatsächlich da ein großes Glück gefunden und ihre Zeche brachte so reiche Ausbeute, daß sie bald wieder zu großem Vermögen gelangten."

Der mysteriöse Hinweis auf ein verlassenes Bergwerk und die dann folgende Sage sind beim gleichen Verfasser zu finden.

„Das verlassene Bergwerk als unheimlicher Ort"
„Frauen, welche mit Butter durch den Zechengrund bei Zinnwald, wo früher reiche Bergwerke waren, gingen, sahen oftmals daselbst Bergknappen, obgleich schon längst kein Bergbau dort im Gange mehr war."

„Waldweibchen im Seegrund bei Zinnwald"
„Ein Mann von Zinnwald trieb etwas Spitzenhandel, der ihn öfter nach Böhmen führte. Einmal ritt er durch den Seegrund nach Eichwald, da begegnete ihm ein Waldweibchen. Dasselbe redete ihn an; „Bruder, willst Du mit mir schnupfen?" Dabei tat es sonderbarer Weise seine Schürze auf und die war voller Laub. Als der Spitzenhändler hineingriff, um sich des Spaßes halber, wie er meinte, eine Hand voll Laub zu nehmen, blickte er zugleich auf und sah das Gesicht des Waldweibchens gleich einem alten Käse. Da erschrak er so sehr, daß er seine Hand schnell zurückzog und fortschritt. Das Waldweibchen aber rief ihm nach: „Nun muß ich noch hundert Jahre warten, hättest Du das Laub genommen und wärest nicht erschrocken, so wäre ich erlöst!" Ein Blatt war ihm jedoch unter den Ärmel gefahren und das war, als er es später fand, lauter Gold."

Graupen

Wo das Erzgebirge zum böhmischen Mittelgebirge hin steil abfällt, klammert sich der alte Bergort Graupen an seine Hänge. Der Ort besteht bereits seit 1146. Durchziehende Egerländer sollen dort um das Jahr 1240 Zinn gefunden haben, das in Graupen - Zinngraupen - als kristallisiertes Kassiterit zu Tage trat. Das gab dem Ort seinen Namen. Da es sich um einen sehr reichen Fund handelte, verfiel bereits ein Jahr später auf dem Weltmarkt, von England ausgehend, der Zinnpreis. So bestimmte das Prinzip von Angebot und Nachfrage auch damals den Markt. Heute ist es von Altenberg aus ein ferner Ort. Aber zwischen Graupen einerseits und Zinnwald, Altenberg, Geising und Lauenstein andererseits bestanden durch Jahrhunderte wechselvolle Beziehungen, die teilweise durch sich ändernde Besitzverhältnisse herbeigeführt wurden. Denn sächsische Grubenbesitzer übernahmen Zechen in Graupen, und umgekehrt erwarben böhmische Unternehmer Besitz auf der sächsischen Seite des Erzgebirges.

Was die Fundsage vom Bergort Graupen überliefert zitiere ich nach G. Heilfurth:

„Dort wo heute das Wolfgangkichl steht, soll früher ein Einsiedler seine Klause gehabt haben. Dieses Gebiet gehörte den Rittern von Lauenstein und Geiersberg (vermutlich ist damit Geisingberg gemeint - Anmerkung des Verfassers). Dort soll Zinn zutage gestanden haben. Wenn die Sonne oder der Mond hell leuchteten, dann erglänzte es weithin. Wenn die Ritter oder ihre Gefolgschaft das sahen, erschraken sie und flohen aus der Gegend. Einmal aber verirrten sich Knappen der Ritter. Sie dachten, daß der Klausner hexen könne und wollten ihn umbringen. Er aber sagte, sie möchten bis zum Tage warten, er werde ihnen alles zeigen. Als es hell wurde, zeigte er ihnen zutage stehende Zwitter. Diese aber meldeten es ihren Herren, die das Erz gewinnen ließen."

Mariaschein

Nahe bei Graupen und beim Mückenberg liegt der Wallfahrtsort Mariaschein. Durch seine landschaftliche Lage war er auch für Nichtkatholiken ein gern besuchtes Ausflugsziel. Bei den westlicher wohnenden sächsischen Erzgebirglern war er deshalb so beliebt, weil die Wanderung dorthin durch eine abwechslungsreiche anmutige Gegend führt.

Wie überall an solchen Orten befanden sich nahe der Wallfahrtskirche Stände mit Devotionalien. Anläßlich eines solchen Ausfluges wurde eine Gruppe Wanderer Zeuge folgenden Dialoges zwischen einem Käufer und einem Devotionalienhändler: „Wos kost denn dos Herrgott'l do?" fragte der Kunde, worauf der Händler antwortete: „Drei Kreizer (Kreuzer)." Das erschien dem Käufer ganz offenbar als zu hoch und er rief entrüstet: „Wos, drei Kreizer der Kriebel (Krüppel)!"

Der erzgebirgische Typus

Durch das Zusammenleben so verschiedener Volksgruppen wie Tschechen, Slowaken, Deutschen, und Juden hatten die Menschen in Böhmen ein feines Ohr für die jeweiligen Sprachen und Aussprachen entwickelt. Deshalb war Mehrsprachigkeit auch unter Menschen einfacher Bildung weitverbreitet. So unterschiedliche Merkmale die einzelnen Gruppierungen aufwiesen, gemeinsam war ihnen ein ausgeprägtes musikalisches Talent und ein handwerkliches Geschick, daß sich mit Geschmack verband. Deshalb waren ihre Erzeugnisse, die sie als Schneider, Schuhmacher, Taschenmacher oder Maler fertigten über die Grenze hinaus gefragt und geschätzt. Willkommen bei den Freunden guter Küche waren ihre Koch- und Backkünste im allgemeinen und die böhmischen Knödel im besonderen. Allerdings sagte man ihnen auch einen Hang zum Schlendrian, ja zur Bettelei nach. So erzählte man sich auf sächsischer Seite, vielleicht nicht ganz ohne Häme, folgende Geschichte: Wird in Böhmen ein Kind geboren, so legt man an die eine Seite der Wiege einen Pfennig und an die andere Seite einen Fiedelbogen. Greift das Kind nach dem Fiedelbogen wird es ein Musikant, greift es nach dem Pfennig wird es ein Bettler. Denn — in Böhmen gibt es nur diese beiden Gewerbe.

Mit Ausnahme der schon besprochenen Bevölkerung von der böhmischen Seite, wird das hier behandelte Gebiet auf sächsischer Seite von einem Menschenschlag bewohnt, der bis hin zum Vogtland ähnliche Merkmale aufweist.

Gilt unter den deutschen Stämmen der Sachse als klein, so ist wiederum unter den Sachsen der Erzgebirgler der kleinste. Seine stabile, gedrungene Gestalt ist ein Zeichen seiner Anpassungsfähigkeit an eine bergige, karge Landschaft. Dunkelblondes Haar herrscht vor und umrahmt ein meist breitflächiges Gesicht. Hier und da sind die hohen Backenknochen des slawischen Typus zu finden.

Im Gegensatz zu seiner körperlichen Erscheinung wirkt seine Aussprache heiter und leicht. In ihrer Diktion oft treffend zeugt sie von schneller Auffassungsgabe und Schlagfertigkeit. Die vogtländische wie die west- und osterzgebirgische Mundart hat sich aus dem mainfränkischen Dialekt herausgebildet. Jedoch entwickelte sich jede von ihnen unterschiedlich in Wortbegriffen wie im Tonfall. So kam es zu ganz eigenständigen Mundarten, die sich allerdings in den letzten Jahrzehnten etwas verflachten und zu Gunsten einer Umgangssprache wandelten.

Die Auswanderung

Weite Teile der Bevölkerung waren zu Beginn des 19. Jahrhunderts durch eine über zehn Jahre dauernde Agrarkrise in Not geraten. Die natürliche Fruchtbarkeit des Bodens war in den meisten Gebieten erschöpft, und eine über Generationen stattgefundene Erbteilung, die zu Lasten der Größe einer landwirtschaftlichen Fläche ging, hatten zu dieser Situation geführt. Davon war nicht nur die Landwirtschaft betroffen, sondern auch bei Handwerk und Gewerbe kam es durch die dadurch verursachte Verminderung der Kaufkraft zu Einbrüchen.

Als dann Agenten Bergleute für Polen und Rußland anwarben, nutzten viele Erzgebirgler die vermeintliche Chance. Meist folgten nur Einzelpersonen oder Familien diesem Ruf. Eine größere Gruppe Ausreisewilliger fand sich in Freiberg und Annaberg zusammen. Doch leider erfüllten sich die von ihnen gehegten Hoffnungen nicht, denn die Menschen fanden an den ihnen zugewiesenen Orten weit schwierigere Lebensbedingungen als sie diese aus der Heimat im fortschrittlichen Sachsen gewohnt waren. Deshalb kehrten viele von ihnen enttäuscht zurück. Diese überall einsetzende Aussiedlerbewegung wurde im Erzgebirge durch den außerordentlich strengen Winter 1829 / 30 noch verstärkt. 1834 ging eine geschlossene Gruppe von ca. 200 Personen nach Siebenbürgen. Sie ließen sich in der Nähe von Kronstadt als Bauern nieder.

Waren es in landwirtschaftlich orientierten Regionen oft die nachgeborenen Söhne, die sich zur Auswanderung entschlossen, wenn der elterliche Hof sie nicht mehr ernähren konnte, so stellten die Erzgebirgler unter den Auswanderern die Gewerbetreibenden und die Bergleute. Denn die hier heimischen kleinen Werkstätten der Handschuhmacher, Strumpf- und Wirkwarenhersteller, Spitzenklöppler, Posamentenhersteller, Schneider oder Lederverarbeiter, die meist nur von den Angehörigen der eigenen Familie betrieben wurden, verschwanden in diesen Jahren mehr und mehr zu Gunsten der maschinell besser ausgerüsteten Fabrikationsbetriebe. Dadurch sahen Meister und Gesellen ihre wirtschatfliche und soziale Stellung gefährdet, denn mit dem Weg in neue größere Produktionsstätten verloren sie ihre Selbständigkeit und fürchteten ein Absinken in das Proletariat. So war bei ihnen neben geschmälerten Zukunftsaussichten und sehr unterschiedlichen Gründen von Unzufriedenheit der Verlust ihrer Eigenständigkeit die Hauptsache für die Auswanderung. Sorge um die Zukunft bestimmten diese Absichten also viel stärker als materielle Not.

Durch die starke industrielle Entwicklung der Wirtschaft war Sachsen erstaunlicherweise ein Einwanderungsland. Neben einer hohen Geburtenrate lagen die Zahlen der Zuzüge stets über denen der Auswanderer.

In wie weit das Beschriebene auch den östlichen Teil des Gebirges betraf, ist leider nicht genau zu bestimmen. Da die Ausreise meistens von Alleinstehenden oder einzelnen Familien betrieben wurde und diese Bewegungen amtlich nicht festgehalten worden sind, ist das nicht mehr nachprüfbar.

Obwohl das Auswanderungsproblem in Sachsen gegenüber den anderen deutschen Ländern gering war, richtete sich der Blick vieler nach Amerika. Deshalb fanden Einzelne wie Gruppen den Weg nach Brasilien und in die Vereinigten Staaten von Amerika. Der Schwarzenberger Pastor Behr hat hierbei über Jahre fürsorglich und organisatorisch gewirkt und damit vielen das Einleben in Amerika erleichtert. Er bemühte sich im Osten von Tennessee eine Kolonie zu gründen und dort das Erzgebirge aufleben zu lassen.

Die Kuh des Bergmannes

Eine Last des Landmannes im Gebirge war der steinige Boden. Generationen von Bauern sammelten die Steine von den Äckern und warfen sie an den Feldrand. Dadurch wuchsen die Steinhaufen im Laufe der Zeiten zu Steinrücken, die gleichzeitig als Windschutz für das bestellte Land dienten.

Wenn diese Arbeit für den Landmann auch mühsam und beschwerlich war, so bot die Steinrücke doch vielen Pflanzen und Tieren einen geeigneten Lebensraum. Pflanzen, die selbst am Feldrand nicht mehr bestehen konnten, fanden unbehelligt von Pflug und Düngung dort einen Rückzugsort. Auf ihrem kargen Grund siedelten Fetthenne, Mauerpfeffer, Wachtelweizen und Preiselbeeren. Aber auch hochwüchsige Pflanzen wie Schlehe, Haselnuß, Eberesche oder Bergahorn krallten sich in den steinigen Grund. Die wärmeliebenden Eidechsen, Blindschleichen und die selten gewordene Kreuzotter bevorzugten neben vielen Insektenarten diese Plätze. Die „Rücke", wie sie der Erzgebirgler kurz nennt, war der Ort der Vertriebenen.

Noch in den 30er und 40er Jahren dieses Jahrhunderts, als ich meine Kinder- und Jugendzeit im Erzgebirge verlebte, bot die Natur ein weitaus heileres Bild, als das heute der Fall ist. Doch leider ist das eine Feststellung von allgemeiner Gültigkeit.

Auf feuchtem Grund wuchsen Tränkelbeeren, Moosbeeren und die goldfarbige Arnika. Verschiedene Orchideenarten streuten lila und blaue Tupfer in die bunte Fülle der Bergwiesen. Der Wald verströmte seinen harzigen Duft, der wie eine Glocke über dem Gebirge hing. Begann im Frühjahr die Heumahd, so duftete das Land wie ein Kräuterkissen.

Aber auch in diesen Jahren gab es schon mahnende Rufe, die auf die Bedrohung der Natur hinwiesen und zum Schutz des Bestehenden aufforderten. Neu sind solche Mahnungen also nicht. Eine Ursache für den damaligen Naturschutz war darin zu suchen, daß durch das Absinken des Grundwasserspiegels feuchtigkeitsliebende Vegetationsformen verschwanden, eine andere war das Überhandnehmen von Pflücken seltener Blumenarten.

Seit dem Einzug des Menschen in diesem Raum ist die Natur in ihrem ökologischen Zusammenspiel nachhaltig gestört worden, und dieser fortschreitende Prozess findet bis heute statt. Die anhaltende Verschiebung der Bodennutzung ging zu Lasten der ursprünglich vorhandenen Vegetation, der Artenreichtum schwand bei Pflanzen und Tieren. Die Sorge, daß der vom Menschen eingenommene Raum nur noch von Kulturpflanzen und den angelegten Straßen und Siedlungen genutzt wird, ist berechtigt. Bevölkerungsdruck waren und sind die Hauptursachen dieser Zerstörung. Es scheint, als ob der Zerfall ein immer schnelleres Tempo vorlegen würde. Trauer erfüllt uns, wenn wir heute Feld und Wald durchstreifen. Entnadelt und ohne Rinde ragen die Bäume, Telegrafenmasten gleich, in den Himmel. Kein Vogelnest findet sich in seinem Geäst, kein Eichhörnchen knabbert mehr an seinen Früchten. Längst ist das empfindliche Geflecht der Moose und Flechten verschwunden. Und spätestens wenn der eingeschlagene Weg das ebenso empfindliche System der Grundwasserversorgung angegriffen haben wird, wird der Mensch vom Verursacher zum Opfer werden. Hoffen wir, daß sich bei jedermann Einsicht und Besinnung durchsetzen und allen Menschen bewußt wird, daß uns die Erde nur geliehen ist.

Dank schuldet jeder Heimatfreund dem Erzgebirgsverein, durch dessen Einsatz manche ökologische und kulturelle Untat verhindert werden konnte. Seine Mitglieder haben wesentlich dazu beigetragen das Wandertouren ausgearbeitet, Wege markiert, auf kulturelle Güter aufmerksam gemacht und seltene Pflanzen und Tiere geschützt wurden. Besonders reizvoll waren die damaligen Wegeschilder, die teilweise kunstvoll geschnitzt waren. Das heimatliche Liedgut und Schrifttum, wie die verschiedene Ausübung der Volkskunst wurden durch den Verein gefördert und gepflegt. Viele Geldspenden und hilfreiche Hände ermöglichten so einen sinnvollen Heimat- und Naturschutz. Innerhalb dieses Rahmens wurde 1891 auf dem Geisingberg Rasthaus und Turm errichtet.

Wenn auch der Bauer des Niederlandes mit Wetterschäden zu rechnen hat, so erhöht sich das Risiko für den Gebirgsbauern durch die Höhenlage erheblich. Der Getreideanbau war aus diesem Grunde gering, obwohl er durch den günstigen Nährstoffgehalt des Bodens bis in die Kammlage möglich ist. Der Spielverderber bei der Ernte blieb das Wetter.

Hauptnahrungsmittel des Erzgebirglers war seit Einführung der Kartoffel diese Erdfrucht. Der Einheimische sagt „Erdäppl" (Apfel) dazu, und die meisten Speisezettel sahen in der Vergangenheit etwa so aus: Morgens Brot und Quark, mittags Kartoffeln und Quark, abends Quark und Kartoffeln. Konnte die Hausfrau noch Leinöl dazustellen, so war es ein üppiges Essen.

Die Milchprodukte stammten nicht nur von der Kuh, denn das Haus- und Nutztier war die Ziege. Ihre genügsame Art entsprach am besten den kargen Bedingungen. Die wenigsten betrieben die Landwirtschaft als Vollerwerb. Der Gebirgler war Bergmann, jedoch oft mit geringfügigem Landbesitz, so daß eine oder mehrere Ziegen gehalten werden konnten.

Zwei Böckchen

Eine besonders romantische Erscheinung, die es etwa bis zum Zweiten Weltkrieg gab, war der Ziegenjunge. Er war Führer und Hüter einer Tierherde, mit der er in den Sommerwochen über Felder und Wiesen zog, um die schon gemähten Fluren nachweiden zu lassen. Um seinen Hals trug er, am Bande hängend, ein Horn aus dem er ab und zu ein Signal ertönen ließ, das von dem nachfolgenden Ruf „Ziiieegen" ergänzt wurde. Daraufhin öffneten sich Stalltüren und Gartenpforten, und die Tiere drängten der rasch anwachsenden Herde zu.

Dieser Idylle hat der Altenberger Kunstmaler Richard Heinemann mit seinem bekannten Bild vom Ziegenjungen ein unverlierbares Denkmal gesetzt. Heinemann war kein gebürtiger Erzgebirgler, jedoch von seiner Jugend an hier heimisch. Viele der Motive, die er in seinen Bildern festgehalten hat, gehören inzwischen der Vergangenheit an und sind für immer verloren. Mit vielen anderen Menschen teilte er nach dem Zusammenbruch von 1945 ein schweres Schicksal. Obwohl ihn seine Freunde nach Kräften unterstützten, ist er an Unterernährung gestorben. Es war schwierig, sein Interesse auf die elementarsten Bedürfnisse des Lebens zu lenken. Trotz seiner Not konnte er sich nicht entschließen, einem Tauschhandel Lebensmittel gegen Bild zu zustimmen. Seine Bilder waren seine Geschöpfe. Sie einer Seite Speck oder einer Tüte Zucker zu opfern, war ihm nicht möglich.

Eine ganz andere, wenig einträgliche, aber originelle Nutzung seiner Ziegen betrieb Walther Hecker, der Inhaber vom „Hotel Amtshof". Zwei dieser Tiere zogen einen Leiterwagen in dem sein Enkelsohn und mit ihm die Dackel „Schnuggi", „Charly" und „Heidi" saßen. Mich hat das als Kind sehr beeindruckt, und nur zu gerne wäre auch ich Besitzer eines solchen Gespanns gewesen. Seit jenen Tagen sind mir diese Geschöpfe mit ihren schönen Bernsteinaugen besonders lieb geworden.

Vor dem genannnten W. Hecker bewirtschaftete Gustav Freitag mit seiner Frau das „Hotel Amtshof". Dieser Mann hielt zwar keine Ziegen aber ein Paar Rentiere, die vor dem Schlitten gingen. Diese Schlittenfahrten sollen in atemberaubenden Tempo stattgefunden haben. Das war nur möglich, weil das Gefährt kaum mit Gegenverkehr zu rechnen hatte. Ein Fußgänger, ein Skiläufer oder im schlimmsten Fall ein Pferdegespann konnten seinen Weg kreuzen. Trotzdem fühlten sich die anderen Passanten bedroht, es gab Ärger und das polare Vergnügen mußte eingestellt werden.

Schulen

Im Westen Deutschlands gab es wesentlich früher ein Angebot an Bildungsanstalten als im heutigen Raum Sachsen. Da die Besiedlung hier später erfolgte, verzögerte sich ebenfalls die bildungsmäßige und kulturelle Erschließung. Trotzdem konnte Sachsen diesen Nachteil bald aufholen und ein flächendeckendes Schulsystem aufbauen, noch bevor das in dieser geschlossenen Form in den anderen deutschen Ländern möglich war.

Vor dem 16. Jahrhundert war das Schulwesen insgesamt wenig fortschrittlich. Der Adel und die wohlhabenden Schichten schickten ihre Söhne auf Latein- und Klosterschulen, die arbeitende Bevölkerung blieb davon ausgeschlossen. Bis zur zweiten Hälfte des 16. Jahrhunderts war die überwiegende Zahl der sächsischen Schulen im Westerzgebirge angelegt. Diese Konzentration war wohl darauf zurückzuführen, daß viele Grubenbesitzer und Hammerherren, die ihren Reichtum aus dem Osterzgebirge bezogen, mit ihren Familien in den ökonomisch besser entwickelten Städten des westlichen Erzgebirges lebten. So flossen Ertrag und Wohlstand in nur wenigen Städten zusammen und förderten dort das kulturelle Gefüge. Darüber hinaus brachten viele Eltern aus dem Niederland ihre Söhne in den dortigen Schulen unter. Ansehen und Nachfrage nach diesen Bildungsanstalten waren außerordentlich groß. Zum Beispiel unterrichteten damals in zum Osterzgebirge gehörenden Freiberg in der Stadtschule 7 Lehrer in 6 Klassen zwischen 700 bis 1.000 Schüler.

In den vor der Reformation vorhandenen Lese-, Schreib- und Rechenstuben fand der Nachwuchs des sich verbreiternden Mittelstandes nur eine mangelhafte Ausbildung. Deshalb wurden diese Einrichtungen in den Städten durch Elementarschulen nach und nach abgelöst. Bis zum Ende der Regierungszeit von Kurfürst August verfügten 2/3 aller sächsischen Ortschaften über Elementarschulen. Damit war in Sachsen ein umfassendes Schulsystem verwirklicht.

Pfarrern und Gemeindevertretern oblag die Wahl des Schulmeisters. Meist mußten die Aufgaben eines Küsters mit übernommen werden, dafür wurde dann im Pfarrhaus kostenloser Wohnraum zur Verfügung gestellt. Von der Gemeinde erhielt der Lehrer ein Stück Land zum Anbau von Kartoffeln und Getreide, und die Eltern der Kinder entlohnten in Naturalien. Trotzdem konnten nicht alle Kinder den Vorteil einer solchen Einrichtung wahrnehmen. In den größeren Städten gründeten Bevölkerungsgruppen, die diese Belastungen nicht aufbringen konnten, sogenannte „Klipp- und Winkelschulen". Jedoch ließ der Unterricht dort oft sehr zu wünschen übrig, da er meist von gänzlich ungeeigneten Personen durchgeführt wurde. Aber es wurde auch dafür gesorgt, daß selbst in weit abgelegenen Zechen, wo nur wenige Familien lebten, für diese Kinder Schulen eingerichtet wurden.

Als 1765 in Freiberg die Bergakademie ins Leben gerufen wurde, fällt dieser Beginn mit einer sich erweiternden Entfaltung auf dem gesamten Schulsektor zusammen. Ab 1766 kam es zu einer gesetzlich geregelten Schulpflicht. 1835 wurde ein neues verbessertes Schulgesetz erlassen. Von nun an erfuhren die Volksschulen gegenüber den höheren Bildungsinstituten eine stärkere Förderung.

Doch blieben die Rückschläge nicht aus, denn es gab auch gegenläufige Tendenzen. Viele Eltern konnten den Vorteil einer solchen Bildung für ihre Kinder nicht einsehen. Deshalb behielten sie diese den Sommer über zu Hause und nutzten deren Arbeitskraft bei der Heuernte, dem Ziegenhüten oder anderen landwirtschaftlichen oder häuslichen Tätigkeiten.

Ein Lesebuchbeitrag aus dieser Zeit ist die Erzählung „Die lange Schicht von Ehrenfriedersdorf". Es handelt sich dabei um eine gefühlsbeladene, mit geheimnisvollen Andeutungen ausgeschmückte, teilweise historische Begebenheit. Sie wurde von Widar Ziehnert 1836 in Versform gesetzt und blieb mindestens bis zum Ende des Ersten Weltkrieges Bestandteil der Lesebücher in den Volksschulen. Deshalb sei sie hier gekürzt wiedergegeben:

Es begibt sich im Jahre 1507, daß ein junges Paar, welches in wenigen Tagen heiraten will, sich vor Schichtbeginn voneinander verabschiedet. Der Bräutigam, Oswald Barthels, muß nun als Häuer einfahren. Doch seine Braut Anna, von dunklen Ahnungen geängstigt, versucht ihn davon abzubringen. Er jedoch verweist auf seine Pflicht und beginnt zusammen mit seinen Arbeitskameraden die Schicht. An diesem Tag soll von den Häuern ein Durchschlag zu einem schon bestehenden Stollen gemacht werden. Dabei kommt es zu einem Bruch. Da sich das Unglück durch vorausgehende Geräusche im Berg ankündigt, kann der Steiger die Knappen rechtzeitig warnen. Aber als sie sich aus dem Unglücksschacht gerettet glauben, fehlte O. Barthels. Einen sogleich eingeleiteten Bergungsversuch vereiteln die immer wieder nachrollenden Gesteinsmassen, die alle Zugänge unter sich begraben.

Von nun an bleibt die Grube unbenutzt. Erst 61 Jahre später wird die Arbeit an diesem Ort wieder aufgenommen. Dabei findet man die unverweste Leiche des Häuers. Zu Tage gebracht bereitet man ihm eine würdige Beerdigung. Von Zeugen aus der Zeit, als der Bruch geschah, leben nur noch zwei. Einer ist ein Freund und Bergmannskamerad von O. Barthels, die andere seine Braut Anna. Durch die neuerliche Aufregung stirbt sie am Tag seiner Bestattung.

Im zu Ende gehenden 19. Jahrhundert kam es im Bergbau erneut zu einer Krise, die durch zahlreiche Erzfunde im Ausland verursacht war. Wie schon oft in der Vergangenheit traf es die einseitig auf den Zinnabbau ausgerichtete Stadt Altenberg hart. Viele Bewohner mußten den Ort verlassen, um an anderer Stelle Verdienst zu suchen. Doch gab es auch Bemühungen, im Ort selbst

Ersatz für den Arbeitsplatzverlust zu finden. Ein solcher Versuch wurde von dem Postmeister Reichel und dem Pfarrer Haucke gemacht. Zusammen mit weiteren interessierten Bürgern gründeten sie eine Genossenschaft. Damit wollten sie die Ansiedlung einer Schule fördern, die Beamte für den gehobenen Postdienst ausbilden sollte. In Kiel bestand bereits eine solche Schule, die von vielen Schülern aus Sachsen besucht wurde. Man versprach sich von einer solchen Einrichtung eine Belebung für den Ort und einen allgemeinen wirtschaftlichen Aufschwung.

Im Sommer 1889 wurde das Vorbereitungsinstitut für Postgehilfen eingerichtet. Die einsame Lage, gesundes Klima und die einfachen anspruchslosen Lebensbedürfnisse der Bevölkerung waren mitentscheidend, um die Genehmigung dafür zu erhalten. Man legte also großen Wert darauf die jungen Menschen in einem pädagogisch vertretbaren Umfeld auszubilden. Am 2.1.1890 wurde die Schule mit nur 8 Schülern und einem Lehrer eröffnet. Sie trug die Bezeichnung „Postschule" und die Schüler wurden deshalb „Postjungs" genannt. Untergebracht wurden sie in privaten Quatieren, wo sie auch verpflegt wurden. Bis Ostern erhöhte sich die Zahl auf 45 Schüler. Nun wurde ein Haus gekauft, um Unterrichtsräume und ein Internat unterzubringen. Bereits ein Jahr später bestand eine so große Nachfrage, daß nicht alle Schüler Aufnahme finden konnten, deshalb wurde ein weiteres Haus gekauft. In der Heimatzeitung „Bote vom Geisingberg" steht unter dem Datum vom 4.4.1890 zu lesen: „... die Schule ist wohl situiert. Das Betragen der Schüler gegenüber dem Publikum ist ganz anständig und machen die jungen Leute dem Institut nur Ehre."

In vielen Städten Sachsens entstanden in dieser Zeit ähnliche Bildungsanstalten, was sich für die Schule in Altenberg als Leistungsdruck auswirkte. Diese Herausforderung wurde angenommen und die Schule als Lehrinstitut für Telegraphie und Eisenbahnkunde erweitert. Damit vergrößerte sich das Angebot an Lehrfächern und die Schülerzahlen wuchsen bis 1907 auf 230 an.

Im August 1911 wurde das Haus dem Kultusministerium unterstellt und als „Höhere Lehranstalt für künftige Verkehrsbeamte" geführt. Damit erhielt es die Berechtigung, das Einjährigen-Freiwilligen-Zeugnis auszustellen. Sie war die einzige Schule in dieser Art im Reich. Später führte die Entwicklung hin zu einer allgemeinen Oberschule, die sich weiterhin eines regen Zuspruchs erfreute.

Im September 1934 feierte die Altenberger Landsmannschaft, das war die Vereinigung ehemaliger Schüler, ihr viertes Wiedersehensfest. Im Ort waren die Häuser geschmückt, und die Einwohner veranstalteten zu Ehren ihrer „Ehemaligen" einen Trachtenumzug. Gleichzeitig war es der Tag der Verabschiedung des Begründers und bisherigen Schuldirektors Paul Haucke.

Das für August 1939 vorgesehene fünfte Wiedersehensfest der Landsmannschaft verlief leider ganz anders als erwartet. Wie bei den vorangegangenen Festlichkeiten hatte sich auch diesmal die Bevölkerung voll auf den Tag eingerichtet. Straßen und Plätze waren geschmückt, die Quartierbestellung bestätigt, große Mengen Lebensmittel herbeigeschafft und zubereitet. Rechnete man doch mit mehreren hundert Gästen die bewirtet sein wollten.

Nachdem die für den 26.8. geplante Tannenbergfeier und der Reichsparteitag abgesagt worden waren, fiel auch dieses Fest den immer ernster werdenden politischen Spannungen zum Opfer. Es wurde kurzfristig abgesagt, und viele der schon angereisten Teilnehmer mußten unmittelbar darauf einrücken.

Am 31.1.1943 brach in der Schule ein Feuer aus, das schweren Schaden anrichtete. Die Internen mußten in Privathäusern untergebracht werden, und der Schulbetrieb war für lange Zeit beeinträchtigt. Doch konnte das den Bestand der Schule nicht gefährden und die weitere Zunahme an Schülern nicht aufhalten.

Der Bau der Müglitztalbahn

In den Jahren 1851 - 64 wurde entlang der Müglitz der Weg zur Straße ausgebaut. Soweit die Güter aus dem östlichen Erzgebirge nicht über die Strecke Kipsdorf - Dippoldiswalde nach Dresden oder von dort nach oben gebracht wurden, erleichterte die neue Straße den Transport. Wir „Automenschen" im zu Ende gehenden 20. Jahrhundert können uns schwer vorstellen, welche Mühen und Plagen der Transport der Güter von Mensch und Tier verlangte. Auf schweren Wagen brachten die Altenberger Holzfuhrleute die Stämme zu Tal, und zu riesigen Fuhren getürmt wurde das begehrte Gebirgsheu nach Dresden gebracht. 2,5 Tonnen wog die Last, und 12 Stunden Fahrzeit waren dafür nötig. Obwohl diese Gespannführer gleichzeitig Landwirte waren, wurde von ihnen nur als von den Fuhrleuten gesprochen. Das mag daher gekommen sein, daß der Arbeitsanteil der Lohnfuhren für Erz-, Holz- und Heutransporte, die zu allen Jahreszeiten durchgeführt wurden, stets größer war als der Arbeitsanteil an der rein bäuerlichen Tätigkeit.

Der Wunsch, diesen kräftefordernden und zeitraubenden Einsatz durch den Bau einer Eisenbahn zu erleichtern, blieb auch nach dem Straßenbau weiterhin vorhanden. Dazu kamen die besonderen Interessen der im Müglitztal ansässigen Industrie- und Gewerbebetriebe. Sie benötigten schnellere und billigere Transportwege für ihre Produkte, wenn sie mit der Entwicklung Schritthalten wollten.

1865 fanden sich unter dem Kaufmann Kleebart aus Dohna fortschrittliche Männer zusammen, die ein solches Vorhaben aus ihrer Sicht durchdachten und diesen Plan der Regierung in Dresden zur Kenntnis brachten. Dabei machte ihr Weitblick nicht vor der nahen Landesgrenze halt. Sie strebten eine Schienenführung bis Zinnwald an und hofften, die Prag - Duxer Eisenbahngesellschaft ihrerseits zu einem Streckenausbau bis zum Gebirgskamm interessieren zu können. Das wäre schon wegen der böhmischen Kohle für alle Seiten von Vorteil gewesen. Einer dieser tatkräftigen Männer war der Uhrenfabrikant Lange aus Glashütte, von dem an anderer Stelle schon die Rede war. Leider wurde das Projekt in Dresden abgelehnt. Trotzdem blieb die Hoffnung auf Verwirklichung bestehen und fand von Zeit zu Zeit immer neue Befürworter.

Letztlich setzte sich der Plan durch, und damit begannen 1888 die Vorarbeiten für den Streckenbau. Während die Regierung aus Kostengründen einer Schmalspurbahn den Vorzug geben wollte, plädierten andere Gruppen für die Regelspur. Zum Leidwesen der Altenberger sollte die Bahn nur bis Geising geführt werden. Denn die von Geising nach Altenberg besonders starke Steigung verursachte Kosten, denen man in Dresden glaubte nicht stattgeben zu können. Die schließlich durchgesetzten Ausführungen wurden von den verschiedensten Schwierigkeiten und Querelen begleitet. Aber am 18.11.1890 konnte die Schmalspurstrecke dem Verkehr freigegeben werden. Geschmückt mit Fahnen und Girlanden fuhr der erste Zug durch das Müglitztal und wurde von der Bevölkerung mit großer Anteilnahme und Freude empfangen. Von Böllerschüssen begrüßt erreichte er Geising. Dort fand ein Fackelzug mit Feuerwerk und anschließendem Tanzvergnügen statt.

Vier Zugpaare versorgten die Strecke von Mügeln (jetzt Heidenau) nach Geising und wieder talwärts. Alle Züge hatten in Mügeln Anschluß nach Dresden. Die Fahrzeit lag zwischen 125 - 135 Minuten. Die Auslastung des Güterverkehrs war von Anfang an gegeben und nahm bis 1918 ständig zu. Aus diesem Grunde mußte stellenweise Zweigleisigkeit eingerichtet werden.

Um Altenberg seine erlittene Benachteiligung vergessen zu lassen, wurde angeordnet, die Station Geising in Geising-Altenberg zu benennen. Jedoch war das nur ein Trostpflaster. Denn obwohl die Bahn bis auf zwei Kilometer herangerückt war, mußte man für alle Güter von und nach Altenberg die zeitraubende und verteuernde Umladung auf sich nehmen. Das gleiche Problem stellte sich für den Transport der Waren in das 10 km entfernte Kipsdorf. Das führte dazu, daß gewerbliche und industrielle Neuansiedlungen ausblieben und brachte Nachteile für die schon bestehenden Betriebe wie Zinnerz, die Holzwarenfabrik und andere. Aus diesem Anlaß verließ die Zigarettenfabrik Eckstein, die 150 Arbeiterinnen beschäftigte, 1917 Altenberg.

Von der Wirtschaft und der Öffentlichkeit wurde die Regierung weiterhin bedrängt, die Strecke bis Altenberg zu verlängern. 1914 wurde dem schließlich stattgegeben, jedoch verhinderte der Ausbruch des Ersten Weltkrieges die Ausführung.

Geising hatte bereits 1912 mit einer Petition an den Königlichen Hof versucht, den Weiterbau durch fadenscheinige Begründungen zu verhindern. Der wahre Grund war wohl in der Konkurrenz um den beginnenden Tourismus zu sehen. Denn die vielen Menschen, die besonders an den Wintersonntagen in das Erzgebirge strebten, wollten möglichst die Gipfelregion erreichen, ohne erst mühsam aufsteigen zu müssen. Die Höhenlage versprach größere Schneesicherheit und bessere Abfahrten für die Skiläufer. Deshalb wurden von den Sportlern Orte wie Zinnwald, Rehefeld, Schellerhau oder Altenberg vor Geising bevorzugt.

Die tiefen Erdarbeiten, die nötig wurden, um die Strecke aus Geising heraus und weiter nach oben zu führen, waren technisch durchführbar, aber teuer. Die andere Möglichkeit einer großzügigen Serpentinenführung entlang der Hänge des Geisingberges hätte den Schienenweg erheblich verlängert und damit ebenfalls verteuert. Der Stolperstein blieb der steile Anstieg. Doch wurde die Notwendigkeit, die schon 1914 erteilte Baugenehmigung endlich zu verwirklichen, immer zwingender.

Endlich, am 12.5.1919 begannen die Tiefbauarbeiten und am 10.11.1923 erreichte der erste fahrplanmäßige Zug sein Ziel. Für Altenberg war das ein großer Gewinn. Die Technik hatte die Kammlage erreicht und damit die Beweglichkeit seiner Anwohner merklich verbessert. Selbst das Eis von den Galgenteichen konnte nun, in Blöcke zersägt, auf direktem Weg in die Dresdner Kühlhallen gebracht werden. Bei Einheimischen und Besuchern erfreute sich die Bahn großer Beliebtheit. Als Liebeserklärung an sie ist auch das vielgesungene Lied „s Bimmelbahnl" zu werten, das Max Nacke 1925 geschrieben hat:

Bimmelbahnl

s Bimmelbahnl

1. Ho ich enn guten Freind üm mich, den möcht ich nimmer meiden,es is esu mit jedem Ding, do läßt sich gor net streiten;wenn ich ewas racht lange ho un soll's nu vun mir gaab'n,do tut mer'sch leed' wie unnre Boh, s'is mir e Stückel Laab'n.

   : : Alte gute Bimmelboh, bimmel bummel bim,keichst de nu schun monches Johr onnern Neifang nüm:
   kimmst de ubn in Altenbarg 's Bargl sachte no,
   grüß ich dich mit Harz on Hand, du alte Bimmelboh.

   IM SPRECHTON:
   Kummt ihr Leite, schiebt e bissl, kummt ihr Leite,
   schiebt e bissl, kummt ihr Leite, schiebt e bissl, schiebt.

2. Ogeschlängelt kimmt se früh, unner Bimmelbahnel,
   Radle sei net größer dro, wie an'n Letterwanel.
   's Minel kummt von Bärnschtee rei, do ruft d'r Schoffner zu:
   „Willst de mit nooch Altenbarg? Do halt dich fei d'rzu!"

   : :

3. Drauf soots Minel: „Fohr ner zu, ich ho's heit verschlofen.
   Ho kaa Zeit mit Eich ze fohrn, muß ne Barg nauflofen.
   Annermol, wenn's net su treibt, fohr ich aah mol mit,
   luß mol fünfe gerode sei, wenn's aah sochte giht."

   : :

4. Vorne off d'r Lukmotiv, 'sis net auszedenken,
stiehn meitog zwee Monnsen d'rauf, kaaner konn's d'rlenken.
Wu se hie will, damscht si hie, mit ihrm dicken Kopp,
on d'r Hommer schleet im Takt off dan alten Topp.
: :

5. Fährt's Zügle offn Bohof ei, gibt's eitel kaa Gefitze,
stieht anner mit der Fliegenklatsch on mit d'r ruten Mütze.
Vor dan poriert's of jeden Wink, of jeden Schritt on Tritt.
Ich glaab, wenn daar in's Wosser giht, giht's Binnelbahnl mit.

: :

Mehr und mehr Fremde besuchten nun das obere Erzgebirge. An den Wochenenden füllten sich die Gaststuben und Gästebetten. Als Wintersportplatz war Altenberg so gefragt, daß an Sonn- und Feiertagen zusätzlich 6.000 Menschen in Sonderzügen nach oben gebracht wurden.

Doch wurde auch die Bahn von der sich rapide entwickelnden Technik und der Devise „immer schneller" eingeholt. Was wohlbegründete Eingaben und Vorstellungen nicht schafften, das erzwang schließlich die Konkurrenz. Durch die Zunahme des Personenkraftverkehrs gingen bei der Eisenbahn die Beförderungszahlen zurück. Das Auto war wendiger und schneller. Von Dresden nach Altenberg betrug die Fahrzeit des Zuges, einschließlich des ungeliebten Umsteigens in Heidenau, 147 Minuten. Demgegenüber benötigten die Autobusse der Reichspost von Dresden nach Geising 98 Minuten und die Kraftverkehrsgesellschaft (KVG) fuhr die Strecke Dresden - Dippoldiswalde - Altenberg in 84 Minuten. Das veranlaßte die Bahndirektion zum Umdenken. Die Regelspur kam!

Vorgesehen war, die Strecke Ende 1938 in Betrieb zu nehmen. Diese Frist konnte jedoch nicht eingehalten werden, da es am 14.12. zwischen Glashütte und Oberschlottwitz zu einem Erdrutsch kam. Doch bis zum 26.4.1939 waren die Aufräumungsarbeiten beendet und damit die Fahrt frei. Über 13 Brücken und durch 5 Tunnel führte die romantische Reise, und 630 m Höhenunterschied mußten dabei überwunden werden.

Das starke Streckengefälle machte den Einsatz besonders konzipierter Lokomotiven notwendig. Ebenso wurde ein spezieller Wagentyp konstruiert, der als „Altenberger Wagen" in die Eisenbahngeschichte einging. Unter anderen technischen Besonderheiten war bei den Wagen dafür gesorgt, daß für Skier und Rucksäcke reichlich Raum war.

Die Bahn hatte an Wochenenden einen erheblichen Sportverkehr zu bewältigen. Dieser schon im voraus erwartete Stoßbetrieb hatte die Bahndirektion dazu veranlaßt, in Altenberg eine überlange Gleisanlage zu erstellen. Trotzdem erwies sie sich oftmals als unzureichend, wenn sonntags im regelmäßigen Abstand von nur 15 Minuten 10 Sonderzüge mit je 6 Wagen einliefen, die hier abgestellt und für die Rückfahrt bereitgehalten werden mußten.

Die Ausnutzung der Erzvorkommen für Rüstung und Krieg

Obwohl die Zinnvorkommen im 19. Jahrhundert weiter zurückgingen, kam es in Zinnwald und Altenberg nicht zu einem gänzlichen Stillstand der Förderung. Der jährliche Zinnertrag betrug nach der Jahrhundertwende in Altenberg noch 500 bis 600 Zentner.

Damit die kleineren Grubenbesitzer ihre Interessen beim Absatz überhaupt noch durchsetzen konnten, schlossen sich die Altenberger Gewerken 1851 zum „Vereinigten Zwitterstock" zusammen. Notwendig wurde dieser Schritt, weil durch die Einfuhr von billigen englischen Zinn der heimische Marktpreis zurückging.

Der Bedarf richtete sich nun mehr und mehr auf das zwar lange bekannte, aber wenig beachtete Wolfram. Durch neue Verarbeitungsmethoden, vor allem beim Härten von Stahl, entstand danach große Nachfrage. Mit Beginn des Ersten Weltkrieges erhöhte sich der Bedarf nochmals. Jetzt spielte die Rentabilität keine Rolle mehr. Die Rüstungsindustrie brauchte und verbrauchte, was sich fördern ließ. Selbst die alten Abraumhalden wurden nochmals durchgearbeitet. Sogar die Dielen in den Bergmannshäuschen, die auf fündigem Grund standen, wurden aufgerissen und durchwühlt. Diese Konjunktur war nach Beendigung des Krieges vorüber. Die Bedürfnisse und die Marktlage hatten sich weltweit verändert.

In Zinnwald kam es nach 1918 nochmals zu einer kurzfristigen Belebung. Durch neue Kapitalgeber konnte Wolfram ausgebracht werden. Dadurch wurden bei der Bevölkerung große Hoffnungen geweckt, die aber nicht erfüllt werden konnten.

Wie schon erwähnt, verlor der Bergbau zwischen den beiden Kriegen weiter an Bedeutung und wurde unrentabel. Die großen Zinnvorkommen, die Holland in seinen asiatischen Kolonien ausbeutete und die Zinnlager in Lateinamerika waren leistungsfähiger und lieferten billiger. Die Menschen dort arbeiteten für den Bruchteil des Lohnes, den ein hiesiger Bergmann erhielt, und in Bolivien unter härtesten Bedingungen fast ausschließlich zum Nutzen einer Familie.

Wegen des zunehmenden Fremdenverkehrs richtete man vielerorts Stätten ein, in denen den Besucher die Erzförderung und Aufbereitung vorgeführt werden konnte. Das waren teilweise Ausstellungen oder stillgelegte Gruben, die zur Besichtigung freigegeben wurden. Mit der 90 m unter Tage liegenden „Heinrichsohle" besaß Altenberg ein eindrucksvolles Anschauungsobjekt.

Heute befindet sich ein Bergbaumuseum in einer ehemaligen Zinnwäsche, das sich großer Beliebtheit erfreute. Leider ist es schon seit Jahren wegen Renovierungsarbeiten geschlossen. Es verhält sich hiermit, wie fast überall in der DDR etwa nach dem Motto: Wenn der Kommunismus in die Sahara kommt, wird der Sand knapp !

Das Zinn, das in Altenberg nach dem Ersten Weltkrieg noch gefördert wurde, fand in größerem Maße als früher Verwendung bei der Herstellung von kunsthandwerklichen Gegenständen. Der Hauptanteil davon ging ab 1930 in die bekannte Manufaktur „Pilz" in Freiberg. Aber es wurde auch an Ort und Stelle in der ansässigen Zinngießerei verarbeitet und in den einheimischen Geschäften verkauft. Die Nachfrage nach Zinngeräten, die nicht ausschließlich einem praktischen Zweck dienten, sondern der Ausschmückung und Verfeinerung der Wohnkultur vorbehalten waren, nahm zu. Der wachsende Fremdenverkehr schuf auch hier neue Bedürfnisse.

Während meiner Jugendzeit war Herr von zur Mühlen Zinngießer in Altenberg und, meines Wissens, der letzte seiner Zunft am Ort. Er war ein vielseitig interessierter, belesener Mann. In Erinnerung geblieben ist mir ein Spruch, der auf einer Tafel im Vorgarten seines Hauses in Hirschsprung angebracht war und lautete: „Wir sind hier fremde Gäste und bauen doch so feste, dort wo wir sollen ewig sein, da bringen wir gar wenig ein". Zusammen mit vielen anderen Frauen und Männern wurde er nach 1945 in das berüchtigte Lager nach Bautzen gebracht, aus dem er nicht mehr heimkehrte.

Der Zweite Weltkrieg und die Jahre danach blieben wiederum nicht ohne Folgen für die Lage im Bergbau. Zwischen 1939 - 45 wurde, wie schon im Ersten Weltkrieg, gefördert was der Berg hergab. Genau wie 1914 / 18 spielte die Wirtschaftlichkeit keine Rolle. Nach 1945 verschlechterte sich die Situation dadurch, daß das Erz kostenlos an die Siegermacht UdSSR geliefert werden mußte. Dieser Verlust traf nun nicht mehr den einzelnen Bergmann, sondern diese Rechnung ging zu Lasten des ganzen Landes.

Das Ende Sachsens

Damit, daß Sachsen dem Norddeutschen Bund und 1871 dem Reich beigetreten war, war es an das deutsche Staatsgefüge angegliedert. Der Verlauf und das Ende des Ersten Weltkrieges trafen es in gleicher Weise wie auch andere deutsche Gebiete. Die Hauptlast dabei trugen die Söhne und Väter, die ihre Jugend, ihre Gesundheit und hunderttausendfach ihr Leben lassen mußten. Die einst blühende Industrie verlor ihre internationalen Märkte und zu Ende des Krieges hungerte das Volk.

Als am 10.11.1918 im Zirkus „Sarrasani" in Dresden die Republik ausgerufen wurde, fand die bisherige Staatsform in Sachsen ihr Ende. Von nun an steht der Begriff Sachsen nur noch für eine geographische und verwaltungsmäßige Einheit. Die Bürde der Nachkriegsjahre, bis hin zur Machtergreifung Hitlers 1933, den Ausbruch des Zweiten Weltkrieges und alle damit verbundenen Lasten erlebte Sachsen als Teil des Reiches. Durch die wahnwitzige Rassen- und Machtpolitik Hitlers, aber auch durch die menschen- und völkerverachtende Politik der Alliierten, die in den Satzungen des Versailler Vertrages die zwangsläufigen Voraussetzungen für einen neuen Krieg legten, wurde das verhängnisvolle Ringen ausgelöst. Durch deren unsägliche Folgen fiel das Land nach dem verlorenen Krieg in den Machtbereich der UdSSR und trug damit die allgemein bekannten Lasten.

Skihasen

Die Entwicklung des Wintersportes

Immer mehr Menschen entdeckten den Freizeit- und Erholungswert des Erzgebirges. Zunächst waren es die Sommerferien, die man nicht mehr ausschließlich an der See oder im Kurbad verbrachte, sondern sie auch in die von harziger Waldluft umgebenen Bergorte und Dörfer verlegte. Dazu kam der Vorteil, daß die Unterkünfte der ganzen Region recht preiswert waren. Von wenigen Hotels abgesehen, die den gehobenen Ansprüchen vorbehalten blieben, quartierte man sich in kleinen Pensionen oder Privathäusern ein. Erst nach und nach entstanden komfortablere Beherbergungsbetriebe, die auch die Wünsche der bessergestellten Gäste erfüllen konnten.

Mit der Verbreitung des Wintersportes, der von den skandinavischen Ländern ausging, setzte eine Zunahme des Tourismus ein, die bis heute ungebrochen ist. Dadurch konnten Hotels und private Vermieter ihre Betten im Sommer und Winter belegen. Das erhöhte die Wirtschaftlichkeit, die Investitionen stiegen, und die Betriebe brauchten zunehmend Personal. Diese Entwicklung brachte den einzelnen Unternehmen, aber auch den Sommer- und Winterfrischen, den Kurorten und Sportplätzen einen soliden Wohlstand.

Am 11.2.1906 wurde in Geising das erste Wintersportfest in diesem Gebiet abgehalten. Träger und Veranstalter war der österreichische Touristenclub Sektion Dresden, denn Sachsen verfügte noch nicht über einen eigenständigen Skiverband. Die Vorbereitungen, die am Ort nötig wurden, wie das Abstecken der Langlaufstrecke, das Anlegen einer 1000 m langen Rodelbahn, die vom Aschergraben nach Geising führte, wurden von dem einheimischen Gebirgsverein übernommen. Vorgesehen war eine 3 km lange Langlaufstrecke, um deren Platzierung sich ganze 11 Teilnehmer bewarben. Trotzdem kamen einige hundert Zuschauer, wovon 800 Besucher in zwei Sonderzügen anreisten. Das Unternehmen fand große Beachtung, denn eine solche Veranstaltung hatte noch nie stattgefunden. Alles wollte nun Skilaufen. Besonders angetan war die Jugend, und für die ganze Region war es eine großartige Werbung.

Skiläufer

Als 1908 das zweite Sportfest durchgeführt wurde, war es schon viel stärker als 1906 auf Wettkampf angelegt. An der Eröffnung im „Hotel zur Post" in Altenberg nahm auch der König teil. Am Wettkampftag reiste er in Begleitung von Prinz Ernst Heinrich und Prinz Friedrich Christian im Automobil an. Damit gab er der Veranstaltung besonderes Gewicht und sorgte mit seinem Fahrzeug für eine extra Attraktion. Diesmal mußten bereits 7 Sonderzüge eingesetzt werden, die 5.000 Besucher beförderten. Das war eine Menschenmenge, wie sie das Gebirge noch nie gesehen hatte. An der Endstation der Eisenbahn in Geising waren die Pferdeschlitten der gesamten Umgebung zusammengezogen, um die Gäste aufzunehmen.

Nun führte die Langlaufstrecke bereits über 12 km und hatte sich gegenüber von 1906 um 9 km verlängert. In der Klasse der Senioren beteiligten sich 4 Läufer an dem Wettbewerb und in der Jugendklasse waren es 63 Bewerber. Das zeigt das große Interesse, daß die Jugend dem Sport entgegenbrachte. Viel Zuspruch fand das Rodeln, daß mit 27 Herren beim Einsitzer und 20 Herren beim Zweisitzer besetzt war. Selbst die Damen blieben hier nicht zurück und belegten die Disziplin mit 19 Schlitten. Bei dieser Veranstaltung wurde erstmals ein Skispringen durchgeführt, an dem auch Norweger außer Konkurrenz teilnahmen. Dabei wurden im Wettbewerb Weiten bis zu 9 m erreicht. Die Skandinavier sprangen 20 m. Das zeigt den großen Vorsprung, den die Nordländer im Wintersport einnahmen.

Der Eispalast und die Waldschänke

Den außerordentlich schneereichen Winter 1923 / 1924 nutzten einige junge Männer recht geschickt für ihre Zwecke. Wie Millionen anderer Menschen waren sie in den schwierigen Jahren nach dem Ersten Weltkrieg arbeitslos geworden. Sie bemühten sich dieser trostlosen Zeit durch Eigeninitiative entgegenzutreten. Aus dem überreichlich vorhandenen Schnee bauten sie einen sogenannten „Eispalast". Große Eisblöcke wurden aufeinandergeschichtet und bis Weihnachten hatten sie einen 20 qm großen Raum errichtet. Durch einen 8 m langen Tunnel gelangten die Besucher eintrittsfrei in das Innere. Dort wurden sie mit Musik und Gesang unterhalten, heiße Getränke wurden ausgeschenkt und das ganze durch Kerzenlicht stimmungsvoll beleuchtet. Auf der anderen Seite führte ein 4 m langer Tunnel wieder ins Freie, jedoch wurde keiner entlassen ohne vorher 10 Pfennig Austritt bezahlt zu haben. Die Einrichtung erfreute sich eines außerordentlichen Zuspruchs, und da der Winter bis Ostern hielt, wurde es auch ein großer finanzieller Erfolg. Um möglichst viele Menschen auf diese Attraktion aufmerksam zu machen, warb man im „Bote vom Geisingberg" mit folgendem Inserat, dessen Text einem Werbefachmann heute gewiß naiv erscheinen würde: „Wenn Du noch eine Mutter hast, so komm mit ihr zum Eispalast, denn so was gibt es, liebe Brüder, im ganzen Lande niemals wieder. Und hast Du keine Mutter mehr, so nimm die anderen Anverwandten und wandle ohne Rast und Ruh, im Eispalast da sollst Du landen."

Lumpenkapelle

Einer dieser geschäftstüchtigen jungen Leute war Max Nacke, der dabei sein Talent als Unterhalter und Gastwirt entdeckte. Deshalb erwarb er im folgenden Sommer eine kleine Unterkunftshütte auf dem Hügel des Raupennestes. Sie stand mitten im Wald auf 824 m Höhe. Gestärkt durch seine gastronomischen

Erfahrungen aus dem Eispalast, baute er diese zu einer kleinen Imbißstation aus. Später wurde daraus die „Waldschänke" und aus dem jungen Mann ein Heimatdichter, der Land und Leute besungen und das Erzgebirge weit über Sachsens Grenzen hinaus den Menschen näher gebracht hat. Die Zahl seiner Lieder ist nicht groß, sie erreicht auch nicht die Popularität und Verbreitung der Gesänge von Anton Günther. Etwa 20 Lieder von unterschiedlicher Qualität sind in das heimatliche Liedgut aufgenommen. Die fröhliche, heitere und oft auch nachdenkliche Art seines Vortrages wird allen unvergessen bleiben, die ihm zugehört haben. Die Waldschänke wurde über Jahrzehnte zum Wallfahrtsort der Heimatfreunde und ein fester Begriff im Osterzgebirge.

Was er selbst aus seinem Leben berichtet, ist gewiß Maßstab für viele Schicksale und geht deshalb über ein bloßes biographisches Interesse hinaus.

Max Nacke war das älteste von neun Geschwistern. Die Familie bewohnte das sogenannte „Laut-Köhler-Haus". Das schindelgedeckte Häus'l lag oberhalb der Pinge und hatte seinen Namen vom Großvater mütterlicherseits, der Köhler hieß und Lauter (Glöckner) war. Die Verhältnisse waren denkbar ärmlich, denn der Vater brachte als Bergmann nur einen wöchentlichen Lohn von 8 - 9 Mark nach Hause. Um die Not erträglich zu halten, mußten Mutter und Geschwister Flechtarbeit leisten. Jeweils zwei Geschwister besaßen ein Paar Schuhe. Deshalb konnte im Winter jedes der Kinder nur einen um den anderen Tag zur Schule gehen, nämlich dann, wenn es mit dem Tragen der Schuhe an der Reihe war. Der Vater, der sich um das Anwachsen der Familie sorgte, soll einmal zu seiner Frau gesagt haben: „Jedes Jahr ein Kind, das darf so nicht weitergehen, ich werde von nun an auf dem Boden schlafen." Worauf seine Frau antwortete: „Wenn Du denkst das hilft, dann schlafe ich auch mit oben."

Doch bei aller Sorge und Knappheit war das Leben nicht ohne Freuden und Spaß. Wir hören auch vom Sohn, wie sein Vater mit 14 Pfennigen zum Schützenball ging und es trotzdem schaffte, betrunken heimzukommen. Diese Bälle und Tanzereien waren die Hauptvergnügen, und wer irgend konnte, nahm daran teil. Nacke berichtete, wie anläßlich eines Bergmannsballes ein einfacher Häuer die Frau des Bergverwalters zum Tanze bat und sie fragte: „Frau Bergverwalter, können Sie denn auch ärschlings tanzen?" Oder, wie in einem anderen Fall ein Bergmann einen Kameraden um einen Tanz mit dessen Frau bat und den Bescheid erhielt: „Dort an der Säule da lehnt sie, wenn Du mit ihr getanzt hast, lehnst Du sie wieder hin."

Ein Nachtrag aus eigener Erinnerung sei noch erlaubt. Die Toiletten der Waldschänke lagen außerhalb des Hauses und waren nicht gerade komfortabel. Durch den starken Besucherandrang in der beliebten Gaststätte waren sie häufig verschmutzt, was die Familie Nacke störte. Deshalb versuchten sie mit folgendem Spruch dort Abhilfe zu schaffen: „Auch in dieser edlen Kunst gibt es

Dilettanten, manche Leute treffens Loch, andre nur die Kanten." Von da ab sollen sich die Zustände merklich gebessert haben, offensichtlich wollte keiner ein Dilettant sein.

Die Deutschen- und Heeres- Skimeisterschaften 1937

In den Jahren zwischen 1920 - 1930 verfügte das kleine Altenberg über folgende Gewerbe- und Dienstleistungsbetriebe:

Bäcker	7	Seiler	1
Fleischer	6	Uhrmacher	1
Lebensmittelhändler	19	Böttger	2
Hotels und Gaststätten	15	Tischler	7
Pensionen	5	Schneider	3
Textilgeschäft	3	Friseur	3
Destillation	1	Taxen	2
Baugeschäfte	7	Zinngießer	1
Fuhrleute	9	Buchbinder	1
Holzfabrik	1	Fotographen	2
Tankstellen	5	Druckerei	1
KFZ-Reparatur	2	Geschenkartikelgeschäft	2
Schuhmacher	2	Arzt	1
Korbmacher	1	Zahnarzt	2
Klempner	1	Apotheke	1
Elektriker	1	Hebamme	1
Schlosser	1	Amtsgericht	1
Sattler	1	Volksschule	1
Schmied	3	Realschule	1

Die Zahl der Tankstellen ist im Hinblick auf den damaligen Autoverkehr außerordentlich hoch, auch wenn man berücksichtigt, daß eine davon zum Hotel „Berghof Raupennest" gehörte.

Auffällig hoch ist auch die Zahl der Lebensmittelgeschäfte, allerdings war das nicht nur in Altenberg so. Diese ungesunde Relation wurde noch dadurch begünstigt, daß die Anforderungen an die Führung einer solchen Einrichtung bescheiden waren. Ich erinnere mich, wie ich als Kind in den nächsten Laden geschickt wurde, um dort einen Käse für das Abendbrot zu holen. Als dieser zu Hause aus dem Papier genommen wurde, wimmelte er von Maden. Daraufhin schickte mich meine Mutter mit dem unappetitlichen Päckchen zurück in das Geschäft. Die Inhaberin, die über die Rücknahme wenig erfreut war, ließ wissen, daß man in solchem Falle den Käse nur eine gewisse Zeit auf den Ofen legen müsse, dann würden die Maden alle herauslaufen.

Die oben aufgeführten Hotels und Pensionen waren mit 480 Betten ausgewiesen und in 97 Privatunterkünften standen weitere 270 Betten zur Verfügung. Dazu kamen einige Ferienheime, die aber der Öffentlichkeit nicht zugänglich waren.

Trotz der ganz ansehnlichen Bettenzahlen konnte der Bedarf in der Saison und vor allem an schneereichen Wochenenden oft nicht gedeckt werden. Dann wurde ein Matratzenlager auf dem Boden oder ein Platz im Heu zur Notunterkunft. Eine ungewöhnliche Bleibe konnte in solcher Situation einem Quartiersuchenden im „Hotel Amtshof" angeboten werden. Am Samstagabend, also in der Zeit der regsten Nachfrage, saß dort regelmäßig der Amtsrichter Georg Zenker am Stammtisch. An ihn erging dann seitens des Hotelwirtes die Aufforderung: „Schorsch mach die Zellen frei - ich schicke ein Mädchen mit der Bettwäsche rüber''.

Eine beliebte Einrichtung der hiesigen Hotels waren in der Wintersaison die wöchentlichen Schlittenfahrten. Die Hotels boten an einem von ihrem Haus bestimmten Tag ihren Gästen gemeinsam durchgeführte Schlittenausfahrten an. Je nach Beteiligung waren es manchmal nur 2 oder 3, oftmals auch 6 - 10 Schlitten, die mit lustigem „Klingeling" durch die Winterlandschaft fuhren. Die Gäste wurden mit Decken und Fußwärmflaschen wohlversorgt, und selbstverständlich fehlte auch eine Flasche zur inneren Erwärmung nicht. Diese Ausfahrten erfreuten sich bei den Teilnehmern größter Beliebtheit, aber sie waren auch für die Passanten, denen sie begegneten, ein erfreulicher Anblick.

Der Wintersport fand in diesen Jahren immer mehr Anhänger und das Angebot an Einrichtungen, die den verschiedenen Disziplinen dienten, mußte ständig erweitert werden. Von der Kuppe des Geisingberges wurde eine Abfahrtsstrecke angelegt. Sie führte bis in den Grund des Müglitztales und wurde als Sachsenabfahrt bekannt. Eine kleinere Strecke, die vom bewaldeten Raupennest ausgehend über dafür abgesteckte Wiesen verlief, wurde vorwiegend bei Kinder- und Jugendwettkämpfen benutzt. Oberhalb der Skiwiese, ''Idiotenhang'' genannt, lag die kleine Sprungschanze. Da auf ihr nur geringe Weiten erreicht werden konnten, war sie der Trainingsplatz des Nachwuchses. Eine mittelgroße Schanze stand im Riesengrund bei Hirschsprung, auf der die Kombinationsspringen durchgeführt wurden. Die große Geisingbergschanze blieb dem Spezialsprunglauf und damit den großen Könnern vorbehalten. Das Sporthotel ''Berghof Raupennest'' unterhielt eine eigene Eisbahn, auf der die Hockeyspiele und Kunstlaufdarbietungen stattfanden. An Tagen, an denen ein lebhafter Sportbetrieb herrschte, wurden die Hangwiesen durch Scheinwerfer erhellt. So konnten die Skiläufer bis in den späten Abend ihrem Vergnügen nachgehen.

Der Höhepunkt aller in Altenberg durchgeführten Sportfeste waren die ''Deutschen- und Heeres- Skimeisterschaften''. Sie fanden vom 9.-14.2.1937 statt und waren erstmals als nationale Veranstaltung ausgeschrieben. Wie im "Bote vom Geisingberg" Jg. 1937 zu lesen steht, nahmen über 300 Teilnehmer an den Wettkämpfen teil: Der 50 km Marathonlauf war mit 80 Läufern stark besetzt und für den 18 km Langlauf lagen über 100 Meldungen vor. Um den Sieg im 4 mal 10 km Staffellauf bewarben sich 26 Mannschaften. Für die Kombination - Langlauf und Springen - standen 76 Bewerber am Start. Die Spezialspringer traten mit 34 Mann an und erreichten Weiten um 70 m.

Eine große Herausforderung für den Veranstalter war die Versorgung der vielen Gäste, die vorbildlich gelöst wurde. Man rechnete mit 40.000 Besuchern, diese Zahl wurde jedoch überschritten. Da nur ein Teil von ihnen auch unter Einbeziehung der umliegenden Quartiere beherbergt werden konnte, blieb die größere Anzahl auf die Zubringer Bahn, Bus oder Privatauto angewiesen. Neben den stündlich verkehrenden fahrplanmäßigen Bussen übernahmen allein am Sonntag 140 Sonderbusse die Beförderung. Das waren Fahrzeuge der Verkehrsbetriebe, die im Abstand von wenigen Minuten in Altenberg eintrafen. Verstärkt und unterstützt wurden sie von hunderten von Bussen selbständiger Unternehmer. Außerhalb der Stadt waren dafür Parkplätze angelegt worden, im Ortsgebiet war jeder Autoverkehr gesperrt. Den größten Andrang bewältigte die Reichsbahn. An den beiden letzten Tagen der Veranstaltung brachte sie in 36 Sonderzügen 20.000 Menschen nach oben. Für den Rücktransport am Sonntagabend wurden kurzfristig 30 Sonderzüge eingesetzt. Sie fuhren also fast Kolonne.

Neben einer leistungsfähigen Gastronomie bemühten sich auch die Inhaber privater Wohnungen um die Betreuung der Gäste. Jeder Einwohner hatte für diese Tage die Erlaubnis, in seinen Räumen Speisen und Getränke auszugeben. 50 Feldküchen waren in zwei Sonderzügen schon vor Beginn des Festes nach Altenberg gebracht und an verschiedenen Plätzen des Ortes, aber auch an den Wettkampfstätten aufgestellt worden. Morgens um 7 Uhr begannen sie mit dem Kochen und es war dafür gesorgt, daß alle 15 Minuten eine andere Feldküche damit fertig wurde. So konnte rund um die Uhr frisches Essen verabreicht werden. Über 100 freiwillige Helfer waren allein mit dem Verkauf der Essensmarken betraut. Da der 14.2. ein Eintopfsonntag war, paßte das für die Möglichkeiten, die eine Feldküche hat, recht gut. (In diesen Jahren wurde für einen Sonntag des Monats zu einem Eintopfessen aufgefordert. Für das so ersparte Geld erwarb man einen Anstecker im Werte von 50 Pfennigen. Diese Beträge waren zur Unterstützung von sozial Schwachen deklariert. Die Anstecker wurden hauptsächlich aus Holz gefertigt und in der erzgebirgischen Spielzeugindustrie hergestellt. Da sie meist eine originelle und gefällige Form hatten, erfreuten sie sich großer Beliebtheit und fanden als Christbaumschmuck eine weitere Verwendung. So mußten allein vom Seiffner Reiterlein 25 Millionen Exemplare hergestellt werden.)

Seiffner Reiterlein

Neben der Hauskapelle vom „Berghof Raupennest", dem Gesangstrio in der „Waldschänke" und dem Zitherspieler im „Amtshof" unterhielt auf dem Platz vor dem „Ratskeller" eine Militärkapelle die Besucher.

Nachdem es am Dienstag zu Beginn des Sportfestes naß und kalt war, besserte sich am Mittwoch das Wetter. Bei Neuschnee, klarer Luft und Sonnenschein wurden diese Tage auch wettermäßig ein Erfolg.

1942 war Altenberg nochmals Austragungsort der „Deutschen- und Heeres-Skimeisterschaften". Jedoch stand dieses Ereignis völlig unter dem Eindruck eines schon drei Jahre währenden schrecklichen Krieges. Die deutsche Jugend, die an diesen Tagen hier antreten sollte, verblutete auf den Schlachtfeldern Europas und nur wenigen von ihnen war es möglich an diesem Sportfest teilzunehmen. Die Veranstaltung erreichte nicht annähernd den Glanz, den das Jahr 1937 gebracht hatte.

Der Angriff auf Dresden

Bis zum Ende des Jahres 1944 blieb das Erzgebirge von direkten Kampfhandlungen verschont. Nur die Gäste in den Fremdenverkehrsorten hatten sich verändert. Aus mehr oder weniger kurzfristig verweilenden Urlaubern waren ständige Bewohner geworden. Es waren die Ausgebombten aus den deutschen Großstädten, die in der scheinbaren Sicherheit des Gebirges Ruhe und Zuflucht suchten. Und die meisten von ihnen hofften das Kriegsende hier besser überleben zu können. Zu ihnen kamen in wachsender Zahl Flüchtlinge aus den deutschen Ostgebieten, die vor der weiterrückenden russischen Linie in das kleiner und kleiner werdende Restdeutschland strömten.

In dieser Lage befand sich auch Dresden. Es galt als der sicherste „Luftschutzkeller" des Reiches. Die Tatsache, daß es bis zum 13.2.1945 von Angriffen verschont geblieben war, gab diesem verbreiteten Gereden Gewicht. Denn während in den großen Städten die Menschen Nacht für Nacht bangten, daß die Sirenen heulen könnten, gab es in Dresden noch immer ein abwechslungsreiches städtisches Leben. Hier spielten neben der Oper viele weitere Theater. Das Stammhaus vom Zirkus „Sarrasani" war Abend für Abend ausverkauft, und auch die Varietés unterhielten noch immer ihre Gäste.

Da es gegen Kriegsende kaum noch eine unbeschädigte Stadt gab, bot diese Situation immer wieder Anlaß zu Spekulationen. Einige wollten wissen, daß die Stadt deshalb nicht angegriffen würde, weil Gauleiter Mutschmann persönliche oder familiäre Beziehungen zu Angehörigen der britischen Regierung hätte. Andere wußten, es würden Familienmitglieder des englischen Königshauses in Dresden leben. Diese und weitere Gründe wurden angeführt und manche waren wenig einleuchtend. Aber sicher trugen diese Gerüchte dazu bei, daß viele Menschen, die auf der Flucht waren, diese Stadt zum Ziele hatten. Doch am 13.2. flog die Royal Air Force ihren ersten Angriff.

Wir erlebten aus der Entfernung und von der Höhe der Kammlage das Inferno, das diese herrliche Stadt auslöschen sollte. Die Detonationen waren so gewaltig, daß wir sie auch im 35 km Luftlinie entfernten Altenberg hörten und sofort wußten - diesmal ist Dresden dran.

Trotz des Fliegeralarms war alles auf den Beinen. Beleuchtet durch die ungeheuere Feuerwalze konnten wir ganze Straßenzüge erkennen. Manchmal sahen wir eine Mauerfront, durch deren Tür- und Fensterhöhlen die Flammenlohe schlug. Mir ist nicht bekannt, daß wir jemals, auch nicht bei extrem günstigen Sichtverhältnissen, bis Dresden blicken konnten. Und nun sahen wir im Widerschein dieser grausamen Helligkeit sogar einzelne Straßenzüge und Häuser.

Schon während der ersten Angriffswelle wurden in Altenberg Hilfskräfte zusammengestellt und mit Lastwagen auf den Weg gebracht. Unter ihnen befand sich auch mein Vater. Als die Helfer Dresden erreichten, wurden sie im

Bereich des Hauptbahnhofes eingesetzt. Dort sollten sie aus den brennenden und zum Teil verschütteten Kellern die Menschen bergen. Mein Vater erzählte später, wie er ein kleines Mädchen herausgeholt und zunächst an einer Außenmauer des Bahnhofes niedergelegt habe, um sich um weitere Opfer zu kümmern. In diesem Augenblick begann der zweite Angriff. Als er vorüber war, stand auch jene Mauer nicht mehr und von dem Kind war nichts zu finden. Gewiß haben andere Helfer ganz Ähnliches erlebt, und sicher gibt es noch heute Menschen, die aus eigener Erfahrung von dieser Schreckensnacht berichten können. Als mein Vater nach ca. 1 1/2 Tagen zurückkam, war er nicht nur völlig erschöpft, sondern auch um Jahre gealtert.

Der dritte Angriff wurde von den Amerikanern geflogen. An seinem Ende war nach weniger als einem Tag aus dieser lebensfrohen Kunststadt ein Schuttfeld geworden. Einsam, wie zur Anklage, stand noch die 100 m hohe Kuppel der Frauenkirche, bis auch sie zwei Tage später in sich zusammenstürzte. Damit vollzog sich an ihr ein ähnliches Schicksal wie 1768, als Goethe von dieser Stelle aus auf die Wunden Dresdens blickte, die der Siebenjährige Krieg ihr geschlagen hatte. Damals wie 1945 wurde die Zerstörung der Stadt mit 60 Prozent angegeben.

Aus den 630.000 ständigen Einwohnern waren bis zum Tag der Katastrophe durch den Zustrom der Flüchtlinge 1.200.000 - 1.400.000 Bewohner geworden. Viele von ihnen werden diese Stadt als ersehntes Ziel erreicht haben, um sich hier für Stunden oder Tage von den durchlittenen Strapazen zu erholen. Es ist nicht ohne Tragik, daß Dresden zur Zeit des Angriffs die höchste Einwohnerzahl erreicht hatte, die es je in seinen Mauern beherbergte. Sehr unterschiedliche Angaben bestehen über die Höhe der Verluste, aber es spricht vieles dafür, daß die Zahl von 135.000 - 150.000 Toten der Wahrheit am nächsten kommt.

Nach dem Untergang verließ wer konnte die brennende Stadt. Im Osterzgebirge füllten sich die Quartiere mit Davongekommenen, und jeder Winkel, jedes Bett wurden belegt. Trotzdem reichten die verfügbaren Plätze nicht aus, und es mußten Notunterkünfte geschaffen werden. Auch das Café meiner Eltern wurde für Tage zur Herberge. Als die Menschen mit dem Nötigsten versorgt und wieder zu Kräften gekommen waren, kehrte ein großer Teil von ihnen nach Dresden zurück, um unter den Schuttbergen nach Angehörigen zu suchen. Unter den Toten befanden sich auch zahlreiche Kriegsgefangene und Zwangsarbeiter. Zur Zeit der Bombardierung waren 26.620 Kriegsgefangene in Dresden untergebracht.

Die Art und Weise wie die Gefangenen gehalten wurden, war sehr unterschiedlich und richtete sich nach deren nationaler Zugehörigkeit. Da die UdSSR sich ihrerseits nicht immer an die Genfer Konvention hielt und die deutschen Kriegsgefangenen - wie es durch Propaganda bekannt war - teilweise den grausamsten Bedingungen ausgesetzt waren, wurde mit den russischen Gefangenen wenig Mitleid gezeigt. Sie waren unzureichend ernährt und blieben gänzlich isoliert. Hüben wie drüben war der einzelne immer das schuldlose Opfer dieses Völkerkampfes. Anders war die Lage bei den Gefangenen der Alliierten. Ich zitiere hier den englischen Historiker David Irving aus seinem Buch „Der Untergang Dresdens". Darin findet sich der Brief eines britischen Soldaten, der in Dresden stationiert war: „Die Deutschen sind die besten, denen ich je begegnet bin. Der Kommandant ist ein Gentleman, wir können uns in einem außerordentlich hohen Maße frei in der Stadt bewegen. Der Feldwebel hat mir bereits das Stadtzentrum gezeigt. Es ist ohne Zweifel schön - ich möchte gern mehr davon sehen."

Diese unterschiedliche Behandlung kann ich auch von den in Altenberg gehaltenen Kriegsgefangenen bestätigen. Die kleine Gruppe französischer Gefangener suchten ihr Lager lediglich für die Nacht auf. Tagsüber wurden sie in verschiedenen Gewerbebetrieben oder in der Landwirtschaft beschäftigt, wo sie volle Bewegungsfreiheit hatten. Sie alle waren den Einheimischen mit ihren Vornamen bekannt und wurden sehr freundlich, fast familiär behandelt. Ganz anders erging es auch hier den Russen. Sie waren in der Nähe des Bahnhofes in einer Baracke untergebracht und hatten kcinerlei Freiraum. Streng bewacht marschierten sie als geschlossener Trupp morgens und abends durch den Ort, wobei sie ein starker Lysolgeruch umgab. Denn wegen fehlender Hygiene, aber wohl auch aus Mangel an gesundheitlicher Vorsorge und ausreichender Ernährung, wurden sie einfachheitshalber desinfiziert. Ihnen oblagen vor allem Straßenarbeiten wie Schneeräumen und anderes. Ihr Allgemeinzustand war außerordentlich schlecht. Ich habe mehrmals gesehen, wie sie bei ihrer abendlichen Rückkehr Kameraden abstützten, damit diese das Lager erreichen konnten.

Nach der Vernichtung von Dresden wollten weltweit die Fragen nicht mehr verstummen, weshalb diese unbefestigte, von Heimatlosen und Verwundeten überfüllte Stadt, so kurz vor dem erkennbaren Zusammenbruch des Reiches noch zerstört worden ist. Heute wissen wir, daß bereits vor 1944 von der britischen Regierung die Überlegung aufgenommen wurde Dresden zu bombardieren. Doch stieß dieser Plan bei höheren Militärs und selbst innerhalb des Luftfahrtministeriums auf Bedenken und Ablehnung. Dresden bot weder militärisch, strategisch, noch weil es ohne wichtige Rüstungsbetriebe war, einen Anlaß dafür. Auch mag die große Zahl der hier untergebrachten Kriegsgefangenen mit ein Grund für die Ablehnung gewesen sein. Erst als der russische Vormarsch tief in deutschem Raum und die Konferenz von Jalta (4.-11.2.1945) vor der Tür stand, erwog die britische Regierung erneut einen solchen Plan. Damit wollte man den Russen gegenüber seine Schlagkraft unter Beweis stellen und eine bessere Verhandlungsbasis für Jalta schaffen.

Anders als bei sonstigen Einsätzen wollte sich, nach den Einsatzbesprechungen bei den alliierten Bomberbesatzungen keine Freude über diesen Auftrag einstellen. Bezeichnenderweise wurden ihnen die unterschiedlichsten Gründe genannt, weshalb Dresden angegriffen werden sollte. So erfuhren die einen, das Oberkomando des Heeres sei in Dresden, während anderen eine Giftgasfabrik oder das Hauptquartier der Gestapo (geheime Staatssicherheit) genannt wurde.

Seitens der Air Force mußten viele Faktoren zusammenkommen, sollte ein solcher Angriff Erfolg haben. Die Bomber benötigten von England bis Mitteldeutschland und zurück über 10 Flugstunden. Auf diesem Wege durften sie weder durch die deutsche Abwehr zerstreut werden noch durch ungünstige Wetterbedingungen die Orientierung verlieren. Obwohl an diesem Tag keine guten Sichtverhältnisse herrschten, was für den Anflug Deckung bedeutete, hatten die Masterbomber, die die Absteckung des Zielraumes mittels sogenannter „Christbäume" setzten, eben jene Viertelstunde lang eine aufgerissene Wolkendecke über Dresden zur Verfügung.

Auf dem Flugplatz Klotsche, der etwas oberhalb der Stadt liegt, standen dichtgedrängt die Abwehrjäger. Sie waren aus den verlorenen Ostgebieten zusammengezogen und zu den hier stationierten dazugekommen. Nach dem Alarm bestiegen die Piloten ihre Maschinen und das Bodenpersonal stand zur Einweisung bereit. Aber das erwartete Kommando für den Start blieb aus. Stattdessen wurden die Scheinwerfer in kurzen Abständen ein- und ausgeschaltet und beleuchteten so ein gewiß lohnenswertes Ziel. Doch blieb der Platz verschont, denn die Aufmerksamkeit der Bomberbesatzung war ganz auf die Innenstadt gerichtet.

Anlaß für das unfaßbare Verhalten war, daß dem Platzkommandanten mehrere Transportmaschinen mit Verwundeten von der Ostfront gemeldet waren, die Lichtsignale für das Landemanöver erhalten sollten.

Diese beiden Beispiele könnten von weiteren ergänzt werden. Mir kam es darauf an zu zeigen, daß ohne das Zusammenspiel von so unglücklichen Umständen, eine Tragödie dieses Ausmaßes nicht möglich gewesen wäre.

Das Ende des Reiches und der Brand von Altenberg

In den letzten Monaten des Jahres 1944 begann die Lage auch außerhalb der bombardierten Städte düster auszusehen. Die Fronten rückten näher und näher. Hinter diesem Zusammenschrumpfen verbargen sich kommende Ereignisse, die jeder unheilvoll ahnte und sich doch nicht recht vorzustellen wußte. Denn die Tage waren, bei aller Gegenwärtigkeit, schon eine Welt von gestern. Das Reich und die Staatsmacht hatten praktisch schon aufgehört zu existieren, und jeder ging seinem ganz persönlichen Kriegsende entgegen.

Wenn ich heute aus der über 40 Jahre zurückliegenden Zeit des Zusammenbruchs Deutschlands berichte, bemühe ich mich selbstverständlich so genau wie möglich zu sein, wohl wissend, daß die erlebte Wirklichkeit subjektiv ist. Keinesfalls möchte ich das Geschehen beschönigen oder bagatellisieren. Aber ich möchte auch nicht in den Chor derer einstimmen, die die gerade herrschende Ideologie bis zur Geschichtsverfälschung vertreten.

Noch funktionierte der Bahn- und Busverkehr leidlich. Er brachte Millionen von Flüchtlingen aus Ostpreußen, dem Warthegau, aus Schlesien und Pommern. Ein Teil hatte sich mit dem eigenen Pferdegespann auf den Treck gemacht, und einige davon fanden auch den Weg nach Altenberg. Vielleicht erwarteten sie hier Freunde oder Verwandte, oder der Ort war nur eine Station auf dem Weg nach Westen. Die Menschen waren von großer Unruhe erfüllt, alles war in Bewegung und auf der Suche nach einem schützenden Dach. Seit dem Angriff auf Dresden war jedes Bett, ja jede Matratze in der Stadt belegt. Mit solcher Unterbringung rechneten die Flüchtlinge inzwischen nicht mehr. Wurde es Abend, so strömten die Leute von der Straße in die Häuser und waren zufrieden, wenn sie einen Platz auf dem Fußboden oder einen Stuhl zum Ausruhen gefunden hatten. Nach ein paar Stunden Schlaf wurde die Flucht dann fortgesetzt. Neben den Zivilisten zogen Soldaten westwärts. Sie hatten ihre Einheit längst verlassen und waren nun auf dem Weg nach Hause oder auf dem Weg in die von den Westalliierten besetzten Zonen.

In dieser Situation, quasi in letzter Minute, bekam Altenberg noch eine Probe vom Kriegsgeschehen. In zwei zeitlich kurz hintereinanderliegenden Wellen flogen britische Tiefflieger in den Abendstunden des 7.5. einen Angriff. Dabei beschossen sie vor allem die von Menschen überquellenden Straßen.

Unter den zahlreichen Toten, die dieser Beschuß zur Folge hatte, befand sich auch ein behinderter Junge. Dessen Eltern holten ihn auf einem Handwagen nach Hause und stellten Wagen und Kind wegen der beginnenden Dunkelheit auf ihrem Hofplatz ab. Vorher hatten sie das Gefährt mit einer Plane abgedeckt. Doch als sie ihren Sohn am nächsten Morgen beerdigen wollten, war der Wagen samt dem Kind verschwunden. Ein fahrbarer Untersatz war in jenen Tagen ein gesuchter Gegenstand.

Der nächste Tag sollte für ganz Deutschland, ja für die halbe Welt, zum historischen Datum werden. Denn am 8.5.1945 kapitulierte der Rest der Wehrmacht wie der Rest des Reiches. Fast gleichzeitig marschierte die Rote Armee, von Dippoldiswalde kommend, über Altenberg nach Böhmen. Das war nun kein Durchzug disziplinierter Truppen, denn den russischen Soldaten waren durch Armeebefehl Land und Frauen freigegeben. Wenn in Verbindung mit diesem Tag in den kommenden Jahren als von der „großen Befreiung" gesprochen wurde, so mag das für einige politische Gruppierungen und selbstverständlich für die Insassen der Konzentrationslager berechtigt gewesen sein, für das Volk, insbesondere für die Frauen, war es die Hölle. Der Volksmund, der meist die Dinge auf den Punkt bringt, formulierte den Spruch: „Willkommen Befreier! Ihr nahmt uns die Eier, den Speck und die Butter, das Vieh und das Futter. Nahmt mit auf die Reise Waggons und die Gleise. Von all diesem Plunder habt ihr uns befreit, wir weinen vor Freude wie nett ihr doch seid. Die Braunen gingen, die Roten kamen - Amen."

Wer das Glück hatte den Einmarsch weniger dramatisch zu erleben, für den blieb es nur eine „Befreiung" von Uhren, Fahrrädern, Eßwaren oder was sich sonst plündern ließ. Entziehen konnte man sich den Schrecknissen nur durch die Flucht oder indem man sich versteckte. Deshalb reihte sich ein Teil der Einwohner in den Rückzug der deutschen Soldaten und Flüchtlinge ein, und andere suchten im nahen Wald Schutz. Ein kleinerer Teil von meist alten Leuten blieb in der Stadt zurück.

Auch ich befand mich mit meinen Eltern auf der Flucht nach Böhmen, während die Großeltern im Haus blieben.

Wie es dazu kam, daß Altenberg in der Stunde des Einmarsches der Roten Armee in Flammen aufging, kann ich als Augenzeuge nicht berichten. Wir hatten den Ort in Richtung Grenze morgens verlassen und sahen schon kurz darauf, als wir etwa in Höhe vom „Berghof Raupennest" waren, Feuer aufleuchten. Fast gleichzeitig hörten wir Schüsse oder Detonationen. Allerdings hatten wir für den Weg dorthin, für den man mit dem Auto nur 2 - 3 Minuten benötigt, 20 - 25 Minuten gebraucht.

Mündlichen Berichten zufolge sollen die ersten Flammen bereits aus einem Hause geschlagen sein, bevor die russischen Soldaten Altenberg erreichten. Wenn das so gewesen ist, dann darf wohl angenommen werden, daß die einrückende Truppe das als Widerstand gewertet und den Ort daraufhin mit Brandmunition belegt hat. Um jenes Haus und seinen Besitzer wollten die Gerüchte nicht verstummen, die dort die Ursache der Katastrophe suchten.

Da der Hauseigner dem sich dann etablierenden System nahe stand, genoss er mindestens für lange Zeit dessen Schutz. So kam es zu keiner ordentlichen Untersuchung oder der Anhörung von Zeugen. Stattdessen wurde ein Gerücht ausgestreut, daß die Schuldfrage auf die Waffen-SS lenken sollte. Das peinliche dabei war, daß zu dieser Zeit überhaupt keine Heeresverbände mehr in Altenberg waren.

Auf unserer weiteren Fahrt nach Zinnwald beschossen uns mehrmals britische Tiefflieger. Sie flogen in niedriger Höhe über die völlig verstopften Straßen und feuerten mit ihren Bordwaffen auf Fahrzeuge und Menschen. Das Ergebnis davon waren zerschossene Wagen, die den Nachdrängenden den Weg versperrten und tote und verwundete Pferde, für die sich keiner verantwortlich fühlte. Den Menschen erging es nicht besser. Die dabei den Tod fanden blieben unbeerdigt liegen und die Verletzten ohne Hilfe und Trost. Alle anderen versuchten vor allem zu entkommen.

In dem allgemeinen Wirrwar sehe ich noch wie heute einen Kleinlaster vor uns, der ebenfalls liegengeblieben war. Auf seiner offenen Ladefläche standen drei oder vier Soldaten, die ein Faß mit Butter ergattert hatten. Nun mußten sie das Auto verlassen, aber dic kostbare Beute wollten sie nicht preisgeben. Sie krempelten die Ärmel ihrer Uniformjacken hoch und fuhren mit Hand und Arm so tief als möglich in das Butterfaß. Dann sprangen sie von der Ladefläche und liefen querfeldein dem Wald entgegen. Dabei troff ihnen die flüssiger werdende Butter vom Arm, denn der 8. Mai war ein heißer Tag.

Feierobmd

Quellennachweis

Albinus — „Bergchronik 1590" Brückmann, Magnalia Dei 1727

Archenholtz, J. W. von — „Geschichte des Siebenjährigen Krieges in Deutschland" Amelangs Verlag, Leipzig 1911

Arnold, H. — „Sitten und Gebräuche im Erzgebirge", „Glückauf" Jg. 7, 1887

Bachmann, Manfred — „Holzspielzeug aus dem Erzgebirge", VEB Verlag der Kunst, Dresden 1989

Beierlein, Paul Reinhard — „Das ehemalige Erzgebirgsamt Grünhain um 1700"

Birnbaum, Walter — „Christenheit in Sowjet - Rußland"

Bruchmüller, W. — „Kobaltbergbau und die Blaufarbenwerke in Sachsen"

Busch, Gertrud — „Der Pestpfarrer von Annaberg", Evangelische Verlagsanstalt, Berlin 1951

Czok, Karl von — „Kurfürst August von Sachsen.: Landesherr und frühkapitalistischer Unternehmer", Sächsische Heimatblätter, Jg. 33, Heft 1 1987

Diener von Schönberg, Alfons — „Sagenschatz des Erzgebirges", Glückauf Verlag, Schwarzenberg

Dietmanns — „Sächsische Priesterschaft 1", 1730 p. 1131. / 1106

Doberer, K. K. von — Sächsische Post und ihre Briefmarken" (Beitrag), Weidlich Verlag, Frankfurt

Fritsch, J. — „Volksleben und Volksbräuche im Erzgebirge", Erzgebirgische Zeitung, Jg. 4 1882 / 83

Gießler — „Sächsische Volkssagen", (Beitrag)

Gränitz, Rudi — „Vogelfang im Erzgebirge", (Beitrag), Sächsische Heimatblätter, Jg. 27, Heft 3 1981

Heilfurth, Gerhard — „Bergbau und Bergmann in der deutschsprachigen Sagenüberlieferung Mitteleuropas", Band 1, Ehwert Verlag, Marburg 1967

Heilfurth, Gerhard — „Zur Geschichte der erzgebirgischen Bergmannsschnitzerei und -bastelei", Mitteldeutsche Blätter für Volkskunde 11, 1936

Heppe und Soldan — „Geschichte der Hexenprozesse", Stuttgart 1880

Irving, David — „Der Untergang Dresdens", Bertelsmann Verlag

Klengel, A. — „Sagenbuch des südöstlichen Erzgebirges", Altenberg 1922

Köhler, J. A. E. — „Sagenbuch des Erzgebirges", Schneeberg - Schwarzenberg 1886

Kötschke, Rudolf, Kretschmar, Hellmut — „Sächsische Geschichte" Band 1 und 2

Kohl, J. F. G. — „Abergläubige Meinungen und Gebräuche der Anwohner des Erzgebirges", Zeitschrift für deutsche Kulturgeschichte, Bd. 4 1875

Knapp, Paul — Beilage im „Bote vom Geisingberg", Dresden 1944

Lehmann, Christian — „Erzgebirgsannalen des 17. Jahrhundert", Weidlich Verlag, Würzburg 1986

Lehmann, Christian — „Historischer Schauplatz derer natürlichen Merckwürdigkeiten in den Meißnischen Ober-Erzgebirge", Leipzig 1699, Verlag von Elterlein, Stuttgart 1981

März, Johannes — „Vom Kolonialgebiet zum Industriezentrum", Sächsische Heimatblätter

Marschner, Georg — Mitteilungen Landesverein sächsischer Heimatschutz 1927

Meißner, Christopf — „Umständliche Nachricht von der Churfürstlichen Sächsischen Schriftmäßigen freyen Zien-Berg-Stadt Altenberg", Dresden und Leipzig 1747

Menke - Glückert — „1000 Jahre Bildungs- und Schulgeschichte Sachsen" aus: „Sachsen, 1000 Jahre Deutscher Kultur"

Müller, G., Quietsch, H. — „Steinkreuze und Kreuzsteine in Sachsen"

Nusslack, Johannes — „Politik Kursachsens im deutschen Fürstenbunde von 1785"

Pescheck, Christian — „Böhmische Exulanten in Sachsen", Hirschel Verlag, Leipzig 1857

Preuß, Reiner — „Die Müglitztalbahn", alba Verlag, Düsseldorf

Repgen und Elze — „Studienbuch der Geschichte", Klett Verlag 1974

Richter, F. H. „Aus der Heimat meiner Eltern zwischen den Tälern der Weißeritz und der Müglitz", Der neue Sachsenspiegel 1975, Jg. 3

Rosenthal, Hildegard „Die Auswanderung aus Sachsen im 19. Jh.", Dissertation, Leipzig 1930

Schellhas, Walter Beitrag vom 26.4.1943 im „Bote vom Geisingberg"

Schiffer, Albert „Sachsen", Weidlich Verlag Frankfurt

Schilka, Wolfgang „Zinnerz", Sächsische Zeitung

Schmidt, O. E. „Kursächsische Streifzüge"

Schober, Manfred „Die Sebnitzer Kunstblumenindustrie und ihre wirtschaftliche Bedeutung für die sächsische Schweiz", Sächsische Heimatblätter Jg. 28, Heft 4, 1982

Schönherr, Hansjoachim „Anfänge arbeitsrechtlicher Regelungen des Kapitalismus im erzgebirgischen Bergbau des 15. und 16. Jh."

Sieber, Siegfried „Studien zur Industriegeschichte des Erzgebirges", Böhlau Verlag, Köln und Graz, 1967

Stams, Werner „Vorwort", Sächsische Heimatblätter, Jg. 34, Heft 1, 1988

Stülpner, Karl „Das Leben des Wildschützen Karl Stülpner" in „Glückauf", Jg. 27, Juni 1979

Tiesler, Steffi „Zur Situation des sächsischen Elementarschulwesens unter August"

Trautmann, O. „Die Entstehung der Bergstadt Altenberg", Dresden 1928

Urzidil „Goethe in Böhmen"

Weichelt, Erich „Gewerbetriebe in Altenberg"

Woerl, Leo „Das Königreich Sachsen in Wort und Bild", Woerls Reisebuchverlag, Leipzig

Wuttke, Robert „Gesindeordnung und Gesindezwangsdienst in Sachsen bis zum Jahre 1835"

Ziehnert, Widar „Sachsens Volkssagen", Verlag Rudolph und Dieterici, Annaberg 1838, Beitrag aus „Bote vom Geisingberg": „Wiedersehensfest der Altenberger Landsmannschaft". Beitrag aus „Das erzgebirgische Zinn in Natur, Geschichte und Technik", Lessingdruckerei Kamenz 1988